힘을 다하여
주님께 기도하라

이 소중한 책을

특별히 _____님께

드립니다.

김장환 목사와 함께
주제별 설교 · 성경공부 · 예화 자료

· · ·

힘을 다하여
주님께 기도하라

나침반

목차

서문

하나님이 사용하신 사람들은 기도를 통해 능력을 받고 하나님의 일을 이루었습니다.

모세는 기도를 통해 홍해를 갈랐고, 한나는 기도로 사무엘을 얻었습니다. 선지자 엘리야가 3년 6개월간 비가 내리지 않게, 또 내리게 했던 비결은 기도였습니다.

복음서에서 예수님은 놀라운 이적의 순간마다 먼저 기도하셨습니다. 이 모습을 보고 배운 사도들 역시 모든 일을 기도를 통해 감당했습니다. 믿음의 사람들에게 기도란 결코 뗄 수 없는 호흡과 같습니다.

빌리 그래함 목사는 "기도는 아침의 열쇠요, 저녁의 자물쇠다"라고 말했고 무디 성서학원 원장이었던 조지 스위팅 박사는 "기도는 하나님의 보화가 들어 있는 창고를 여는 열쇠다"라고 말했습니다. 기도를 통해 9,975개의 고아원을 세우고 100억 원이 넘는 후원을 받은 조지 뮬러는 일평생 5만여 번의 기도 응답을 받았습니다. 기도의 능력을 알고 있었던 요한 웨슬레 목사는 "하늘나라는 무릎으로 올라간다"라고 말했습니다.

하나님은 지금도 우리를 통해 하나님의 일들을 이루시기를 원하십니다. 아무리 연약한 우리라도 기도를 통해 하나님께 쓰임 받을 수 있습니다. 반면에 아무리 자랑할 학식과 재물이 있더라도 기도하지 않으면 하나님은 사용하지 않으십니다.

하나님께 쓰임 받고 싶으십니까?

그렇다면 지금 우리의 능력과 상황이 어떤지 생각하기 보다 지금 우리의 기도 생활은 어떤지를 살펴봐야 합니다. 하나님께 쓰임 받는 기도의 비결을 모든 사람에게 가르치기 위해 이 책은 기존의 책과는 조금 다르게 세 가지 부분으로 구성되어 있습니다.

첫째, 기도에 대한 설교 내용을 핵심 위주로 요약 및 정리해 누구나 쉽게 읽을 수 있도록 만들었습니다.

둘째, 한국 교회 성장에 크게 기여한 구역 모임이나 그룹 성경공부에서 교재로도 사용할 수 있게 만들었습니다.

셋째, 설교나 여러 모임에서 적절하게 활용하면 좋을 기도에 관한 예화를 수록했습니다.

세상에서 주님을 간절히 증거할 진정한 그리스도인이 그 어느 때보다 필요한 오늘날입니다. 이 한 권의 책으로 변화된 성도들이 복음의 전달자로 바로 서며 한 번 더 뜨거운 부흥이 온 땅을 뒤덮게 되기를 소망합니다.

기도에 대한 명언들

● 위대한 일을 위하여 기도하라. 위대한 역사를 기대하라.
위대한 것을 위하여 일하라. 그러나 무엇보다 기도하라.
  – R.A. 토레이

● 나는 망원경으로 몇천만 미터 떨어져 있는 먼 곳에 있는
것을 볼 수 있다. 그러나 조용히 무릎을 꿇고 하나님께
기도함으로 망원경보다 훨씬 뚜렷이 천국을 보며 하나
님께 나아갈 수 있다. – 뉴턴

● 무슨 일에 있어서나 마찬가지지만 기도에 있어서도 낙
심은 실패의 원인이다. – J. 맥콘키

● 무엇을 달라고만 몸부림치는 기도는 사막을 걷는 것처
럼 답답한 것이지만 감사의 기도는 독수리가 창공을 나
는 것처럼 경쾌한 기도다. – 흑겔

● 하나님은 육체적 수고보다는 기도와 영적 교제에 더 큰
가치를 두신다. 하늘나라의 신랑은 신부에게 구애하고
있는 것이지 하인을 고용하려는 것이 아니다. 성도들의
기도를 통해 하나님은 길 잃은 영혼들에게 스스로를 나
타내신다. 우리가 기도할 때 하나님은 하늘의 은신처에

서 땅으로 내려오사 기적을 행하신다. – A.W. 로프

● 기도하는 한 사람은 기도 안 하는 한 민족보다 강하다.
  – 존 낙스

● 어떤 마귀라도 기도하는 어머니에게서 자녀를 빼앗아
  가지 못한다. – 빌리 선데이

● 진심으로 기도하면 어느 때, 어떤 방법, 어떤 형태로든
  하나님은 응답하신다. – 아도니람 저드슨

● 사람들은 우리의 호소를 일축하고 우리의 복음을 거절
  하고, 우리의 주장을 반대하고, 성도인 우리를 경멸할
  수 있을지는 모르지만, 우리의 기도에 대해서는 꼼짝하
  지 못한다. – 시드로우 박스터

● 나는 열 사람에게 설교를 가르치기보다는 한 사람에게
  기도를 가르치고 싶다. – 죠웰 박사

● 늙어갈수록 기도를 더 많이 하라. 그래야 신령한 일에
  냉랭해지지 않는다. – 조지 뮬러

1

서론

기도란 하나님과의 대화다.

그리스도인은 예수 그리스도를 믿고 거듭남으로 하나님의 자녀가 됐다. 자녀된 특권으로 하나님을 아버지로 부를 수 있게 됐고(롬 8:15), 아버지께 구할 수 있게 됐다(눅 11:9).

기도란 아버지이신 주님께 부르짖고 교제하는 방법이다. 숨을 쉬지 않으면 육체가 살아갈 수 없는 것처럼 기도하지 않으면 영혼도 살아갈 수 없기에 기도는 곧 영혼의 호흡이기도 하다.

1. 기도의 필요성

우리의 주님이신 예수님이 기도하셨기 때문이다.

우리를 구원하기 위해 이 땅에 오신 예수님은 구원이라는 역사상 가장 중요한 대업을 앞두고 중요한 일이 있을 때마다 먼저 기도하셨다.

- 공생애를 시작했을 때(눅 3:21)
- 열두 제자를 선택하셨을 때(눅 6:12,13)
- 오병이어의 기적을 행하셨을 때(마 14:19)
- 제자들을 바다에서 구하셨을 때(마 14:23)
- 죽은 나사로를 살리셨을 때(요 11:41)
- 최후의 만찬 때(막 14:22)
- 십자가에 달리시기 전 겟세마네 동산에서(마 26:36~44)

● 예수님은 지금도 하나님의 우편에서 우리를 위해 기도하고 계신다(히 7:25)

2. 기도하는 방법

(1) 누가 기도할 수 있는가?

예수 그리스도를 믿고 하나님의 자녀로 거듭난 그리스도인이라면 누구나 기도할 수 있다. 거듭나지 못한 사람은 죄를 용서해 달라는 회개의 기도 외에는 다른 기도를 드릴 수 없다. 회개함으로 구원받지 않은 사람의 기도는 하나님이 들어주시지 않기 때문이다.

(2) 누구에게 기도하는가?

기도란 허공에 대고 아무 말이나 하는 막연한 이야기가 아니며 알 수 없는 미지의 신에게 비는 행위도 아니다. 기도는 살아계시고 역사하시는 전능하신 하나님께 올려드리는 대화다. 창조주 하나님께 말씀을 의지해 드리는 것만이 진정한 기도이다(마 6:9, 요 16:23, 엡 3:15).

(3) 기도할 때 누구의 도움을 받아야 하는가?

기도는 사람이 아닌 하나님과의 대화다. 이런 이유로 마귀는 성도의 기도를 가장 싫어하며 어떻게든 기도를 쉬는 죄를 범하게 하려고 노력한다. 이 마귀의 간교를 피하기 위해 우리는 성령의 도우심을 구해야 한다. 하나님은 성령님을 통해 우리를 도와 기도함으로 승리하게 해주시겠다고 약속하셨다(롬 8:26, 엡 6:18, 유 1:20).

(4) 누구의 이름으로 기도하는가?

죄인인 우리가 하나님께 기도할 수 있는 것은 전적으로 예수님의 은혜 덕분이다. 예수님이 우리 죄를 사하여 대신 죽으사 하나님과의 끊어진 관계를 회복시켜 주셨다. 이 은혜로 인해 우리가 하나님께 기도를 드릴 수 있는 자격이 되었기 때문에 모든 기도는 예수님의 이름으로 드려야 한다.

(5) 어디에서 기도할 것인가?

예수님은 "기도할 때에 골방에 들어가 문을 닫고 은밀한 중에 계신 네 아버지께 기도하라"(마 6:6)라고 말씀하셨다. 골방이란 마음을 집중할 수 있는 장소를 의미한다. 하나님께 마음을 집중할 수 있는 곳이라면 어디에서나 기도할 수 있으며, 어디에서나 기도해야 한다.

(6) 언제 기도할 것인가?

예수님은 "항상 기도하라"(눅 18:1)라고 우리에게 말씀하셨고, 사도 바울 역시 "쉬지 말고 기도하라"(살전 5:17)라고 권면

했다. 우리는 이 말씀과 권면을 따라 마치 호흡처럼 쉬지 않고 기도하는 생활을 하고자 노력해야 한다.

3. 기도의 내용

기도의 내용에는 별다른 제한이 없다. 우리는 기도를 통해 육체적, 영적인 모든 필요를 하나님께 구할 수 있다.

성경에 나오는 기도의 내용은 다음과 같다.

● 일용할 양식을 위하여(마 6:11)

● 유혹과 죄악으로부터의 승리를 위하여(마 6:13)

● 죄의 용서를 위하여(마 6:12, 요일 1:9)

● 높은 지위에 있는 사람을 위하여(딤전 2:1-4)

● 병든 사람을 위하여(약 5:13-16)

● 그리스도인다운 강한 삶을 위하여(골 1:9-12)

● 지혜와 명철을 위하여(왕상 3:5-9, 약 1:5)

● 자기를 핍박하는 사람을 위하여(마 5:38-48)

성경에 나와있는 기도 외에도 우리는 우리 삶에 필요한 모든 것을 위해 기도할 수 있다. 하나님은 이 놀라운 특권을 자신을 믿는 자녀에게 허락하셨다.

4. 기도하는 자세

자세는 곧 마음의 표현이다. 만왕의 왕이신 하나님께 기도 드릴 때 우리는 되도록 다음의 자세를 지키며 우리의 마음을 올려야 한다.

- 겸손하게(약 4:6, 대하 7:14)
- 믿음으로(히 11:6, 막 11:24, 약 1:6,7)
- 순종함으로(시 66:18, 요 14:15)
- 인내심을 갖고 꾸준하게(눅 18:1)
- 하나님의 영광을 위해(요 14:13)
- 간절한 마음으로 열심히(눅 18:1-8)

5. 기도 응답의 종류

하나님께서는 진실로 우리의 모든 기도에 응답하신다. 다만 기도의 응답이 무조건 'Yes'라는 착각에 빠지기 때문에 때때로 하나님이 우리의 기도를 듣지 않으신다고 생각할 때가 많다. 우리의 기도에 하나님은 네 가지로 응답하신다.

(1) 허락(Yes)

우리의 기도가 하나님의 뜻과 때에 합할 때 하나님은 기도에 즉각 응답하신다.

(2) 거절(No)

우리의 자세가 잘못되었던지, 말씀이 아닌 정욕에 쓰기 위해 구할 때 하나님은 거절로 응답하신다. 거절도 분명한 하나님의 응답이다.

(3) 기다림(Wait)

우리의 기도가 하나님의 뜻과 일치하지만 아직 때가 이르지 않았을 때 하나님은 기다림으로 응답하신다. 우리가 생각하는 때와 하나님이 예비하신 때가 다를 수 있지만 언제나 하나님이 예비하신 때에 주시는 응답이 우리에게 더 큰 유익이 된다.

(4) 대체(Alternative)

우리가 'A'를 구했으나 하나님은 'B'로 응답하시는 경우도 있다. 내가 'A'로 생각한 것이 사실은 'C'이고 하나님이 주신 'B'가 사실은 나에게 'A'이다. 하나님은 언제나 가장 좋은 것으로 나에게 응답하시는 분이시다.

6. 기도에 응답이 없는 이유

하나님은 성도의 모든 기도에 응답해주시는 자비와 능력의 주님이시다. 다만 다음의 경우에는 어떤 일이 있어도 기도에 응답해주시지 않는다.

- 기도하지 않을 때(약 4:2)
- 죄를 버리지 않을 때(시 66:18, 렘 5:25, 사 59:1–2)
- 다른 이의 허물을 용서하지 않을 때(막 11:25)
- 의심하며 기도할 때(약 1:6–7)
- 정욕을 위한 이기적인 동기로 기도할 때(약 4:3)

7. 기도의 요소

사람들이 가장 많이 구하는 제목은 필요를 채우기 위한 기도이다. 물론 하나님은 우리의 필요를 구하는 기도에도 응답하신다. 그렇다고 처음부터 끝까지 구하기만 하는 기도에는 분명 문제가 있다.

기도에는 간구 외에도 찬양(시 135:3), 자백(요일 1:9), 감사(살전 5:18)의 요소가 어우러져야 한다. 어디서 들은 듯한 판에 박힌 기도보다도 이런 요소를 생각하며 솔직한 마음을 하나님께 내어놓을 때 하나님은 우리의 고백을 기쁘게 들으신다. 온전한 기도에는 다양한 요소가 어우러져야 함을 잊지 말아야 한다.

8. 좋은 기도 습관을 위한 조언

- 주님의 이름을 너무 많이 반복하지 말라.
- 똑같은 어휘를 너무 많이 반복하지 말라.
- 헛된 목적을 위해 기도하지 말라.
- 다른 사람을 헐뜯는 기도를 하지 말라.
- 사람에게 인상적으로 보이려고 기도하지 말라.
- 사람들 앞에서 기도할 때 말을 지나치게 꾸미지 말고 중언부언을 조심하라.
- 분명하고 구체적으로 기도하라.
- 매일 규칙적으로 기도하는 시간을 가져라.

2

기도에 대한 설교

1. 기도의 필요성

"솔로몬이 기도를 마치매 불이 하늘에서부터 내려와서 그 번제물
과 제물들을 사르고 여호와의 영광이 그 전에 가득하니… 밤에 여
호와께서 솔로몬에게 나타나사 이르시되 내가 이미 네 기도를 듣고
이곳을 택하여 내게 제사하는 전을 삼았으니… 이곳에서 하는 기도
에 내가 눈을 들고 귀를 기울이리니…" – 역대하 7장 1–18절

서론

기도는 세상 모든 문제의 열쇠이자 해답이다.

국가에 위기가 닥쳤다고 생각될 때는 기도해야 한다. 경제
적인 문제로 어려움을 겪을 때도 먼저 기도해야 한다. 사회
적인 문제가 생겼을 때도 우리는 먼저 기도해야 한다.

개인의 어려움뿐 아니라 국가, 사회, 전 세계적인 문제를
앞에 놓고도 우리는 먼저 기도해야 한다. 그리스도인이 마음
을 합해 하나님께 뜨겁게 부르짖을 때 하나님은 우리의 기도
를 들으시고 극복할 힘과 지혜를 주신다.

『미국 남북 전쟁 때 일어난 일이다.

함박눈이 펑펑 내리는 어느 깊은 밤. 뉴욕 브루클린 거리의 한 집

에 40대 중반쯤 되어 보이는 키 큰 남자가 들어갔다. 30분 정도 지나고 남자는 한 노인의 배웅을 받으며 밖으로 나왔다.

마중 나온 노인은 헨리 비쳐 목사였고, 40대 중반의 남자는 북군의 총사령관 링컨이었다. 전쟁의 양상이 북군에게 불리하게 펼쳐지자 링컨은 가장 먼저 평소 신뢰하고 존경하던 비쳐 목사님을 찾아와 함께 기도했다. 이 기도로 말미암아 링컨은 난관을 무사히 헤쳐 나가 전쟁에서 승리했다.

훗날 미국의 대통령이 된 링컨은 이처럼 어려운 순간마다 먼저 하나님께 무릎을 꿇었다. 』

첫째, 예수님이 기도하셨기 때문에 우리도 기도해야 한다.

예수님은 공생애 기간을 비롯해 사역의 중요한 순간마다 먼저 기도하셨다. 하나님의 아들인 예수님도 이렇게 모든 일을 기도로 시작하셨을진대 죄 많은 우리는 얼마나 더 열심히 기도해야 하겠는가? 기도할 수 없는 순간은 존재하지 않으며 예수님처럼 모든 일에 하나님의 도우심을 기도로 구하는 습관을 들여야 한다.

(1) 예수님은 공생애를 시작하실 때 기도하셨다.

"백성이 다 침례(세례)를 받을째 예수도 침례(세례)를 받으시고 기도하실 때에 하늘이 열리며 성령이 형체로 비둘기 같이 그의 위에 강림하시더니 하늘로서 소리가 나기를 너는 내 사랑하는 아들이라 내가 너를 기뻐하노라 하시니라"– 누가복음 3장 21,22절

(2) 예수님은 열두 제자를 선택하실 때 기도하셨다.

"이 때에 예수께서 기도하시러 산으로 가사 밤이 맞도록 하나님께 기도하시고 밝으매 그 제자들을 부르사 그 중에서 열 둘을 택하여 사도라 칭하셨으니"– 누가복음 6장 12,13절

(3) 예수님은 오병이어의 기적을 베푸실 때 기도하셨다.

"예수께서 떡을 가져 축사하신 후에 앉은 자들에게 나눠 주시고 고기도 그렇게 저희의 원대로 주시다"–요한복음 6장 11절

(4) 예수님은 죽은 나사로를 살리실 때 기도하셨다.

"자기가 하늘로서 내려온 떡이라 하시므로 유대인들이 예수께 대하여 수군거려"– 요한복음 6장 41절

(5) 예수님은 십자가의 고통을 눈앞에 두고 그 어느 때보다 간절히 기도하셨다.

"이에 예수께서 제자들과 함께 겟세마네라 하는 곳에

이르러 제자들에게 이르시되 내가 저기 가서 기도할 동안에 너희는 여기 앉아 있으라 하시고⋯ 조금 나아가사 얼굴을 땅에 대시고 엎드려 기도하여 가라사대⋯ 다시 두번째 나아가 기도하여 가라사대⋯ 또 저희를 두시고 나아가 세번째 동일한 말씀으로 기도하신 후" – 마태복음 26장 36–44절

둘째, 성경이 기도할 것을 가르치고 있기 때문에 우리도 기도해야 한다.

하나님의 감동과 성령의 역사하심으로 쓰인 성경은 곳곳에서 우리에게 기도할 것을 가르치고 있다. 기도는 하나님의 능력을 체험할 유일한 수단이며, 성도의 호흡과도 같다. 하면 좋고 안 해도 그만인 옵션이 아닌 무조건 해야만 하는 성도의 필수적인 의무이자 기쁨이다.

(1) 예수님을 통한 가르침

"구하라 그러면 너희에게 주실 것이요 찾으라 그러면 찾을 것이요 문을 두드리라 그러면 너희에게 열릴 것이니" – 마태복음 7장 7절

"항상 기도하고 낙망치 말아야 될 것을 저희에게 비유

로 하여" – 누가복음 18장 1절

"지금까지는 너희가 내 이름으로 아무 것도 구하지 아
니하였으나 구하라 그리하면 받으리니 너희 기쁨이 충
만하리라" – 요한복음 16장 24절

(2) 사도 바울을 통한 가르침

"항상 기뻐하라 쉬지 말고 기도하라 범사에 감사하라
이는 그리스도 예수 안에서 너희를 향하신 하나님의 뜻
이니라" – 데살로니가전서 5장 16–18절

"모든 기도와 간구로 하되 무시로 성령 안에서 기도하
고 이를 위하여 깨어 구하기를 항상 힘쓰며 여러 성도를
위하여 구하고 또 나를 위하여 구할 것은 내게 말씀을
주사 나로 입을 벌려 복음의 비밀을 담대히 알리게 하옵
소서 할 것이니" – 에베소서 6장 18,19절

(3) 예레미야를 통한 가르침

"너는 내게 부르짖으라 내가 네게 응답하겠고 네가 알
지 못하는 크고 비밀한 일을 네게 보이리라" – 예레미야 33장
3절

셋째, 기도는 하나님의 능력과 기적을 경험하므로 우리도 기도해야 한다.

(1) 히스기야는 기도를 통해 생명을 15년 연장했다.

"히스기야가 얼굴을 벽으로 향하고 여호와께 기도하여 가로되 여호와여 구하오니 내가 주의 앞에서 진실과 전심으로 행하며 주의 목전에서 선하게 행한 것을 추억하옵소서 하고 심히 통곡하니 이에 여호와의 말씀이 이사야에게 임하니라 가라사대 너는 가서 히스기야에게 이르기를… 보라 아하스의 일영표에 나아갔던 해 그림자를 뒤로 십도를 물러가게 하리라 하셨다 하라…" - 이사야 38장 2~8절

(2) 바울과 실라는 기도를 통해 옥에서 구출됐다.

"밤중쯤 되어 바울과 실라가 기도하고 하나님을 찬미하매 죄수들이 듣더라 이에 홀연히 큰 지진이 나서 옥터가 움직이고 문이 곧 다 열리며 모든 사람의 매인 것이 다 벗어진지라" - 사도행전 16장 25,26절

(3) 베드로는 초대 교회 성도들의 기도로 옥에서 구출됐다.

"이에 베드로는 옥에 갇혔고 교회는 그를 위하여 간절히 하나님께 빌더라… 홀연히 주의 사자가 곁에 서매…

베드로가 나와서 따라갈째… 이에 첫째와 둘째 파수를 지나 성으로 통한 쇠문에 이르니 문이 절로 열리는지라 나와 한 거리를 지나매 천사가 곧 떠나더라"- 사도행전 12장 5-10절

『영국의 대 설교가인 스펄전 목사에게 한 사람이 찾아와 이런 질문을 했다.

"목사님의 성공의 비결은 무엇입니까?"

스펄전 목사는 교회의 기도실을 가리키며 말했다.

"저곳에서 나를 위해 기도해주는 300명의 교인이 있습니다. 그분들로 인해 저는 주님께 쓰임 받을 수 있었습니다."』

"진실로 다시 너희에게 이르노니 너희 중에 두 사람이 땅에서 합심하여 무엇이든지 구하면 하늘에 계신 내 아버지께서 저희를 위하여 이루게 하시리라 두 세 사람이 내 이름으로 모인 곳에는 나도 그들 중에 있느니라"- 마태복음 18장 19,20절

『6·25 전쟁 중 38선 부근의 한 산에서 치열한 전투가 벌어지고 있었다. 참호를 나와 진격하던 한 병사가 어깨에 총을 맞고 그대로 쓰러져 살려달라고 외쳤지만 아무도 나서지를 못했다. 동료를 구하기 위해 총탄이 빗발치는 전장으로 내달릴 수 있는 사람은 한 명도 없었다.

30분이 넘게 병사는 그대로 방치된 상태였다.

잠시 뒤 한 병사가 시계를 확인하더니 돌연 부상병을 향해 뛰어갔다. 무사히 부상병을 둘러업고 참호로 돌아와 다행히 두 사람 다 목숨을 건질 수 있었다.

응급치료가 끝난 뒤 지휘관이 병사에게 물었다.

"왜 가만히 지켜보다가 갑자기 부상병을 구하러 뛰쳐나갔나?"

"시간을 확인하고 있었습니다. 제가 전쟁터에 나오기 전 어머니는 매일 아침 9시에 너를 위해 기도하겠다고 말씀하셨습니다. 9시가 되자 어머니의 기도를 믿고 용기를 낼 수 있었습니다."』

"내가 진실로 너희에게 이르노니 누구든지 이 산더러 들리어 바다에 던지우라 하며 그 말하는 것이 이룰줄 믿고 마음에 의심치 아니하면 그대로 되리라 그러므로 내가 너희에게 말하노니 무엇이든지 기도하고 구하는 것은 받은 줄로 믿으라 그리하면 너희에게 그대로 되리라"
– 마가복음 11장 23,24절

"내가 진실로 진실로 너희에게 이르노니 나를 믿는 자는 나의 하는 일을 저도 할 것이요 또한 이보다 큰 것도 하리니 이는 내가 아버지께로 감이니라" – 요한복음 14장 12절

넷째, 기도는 충만하게 하기 때문에 우리도 기도해야 한다.

(1) 기도하면 성령이 충만해진다.

"주여 이제도 저희의 위협함을 하감하옵시고 또 종들로 하여금 담대히 하나님의 말씀을 전하게 하여 주옵시며 손을 내밀어 병을 낫게 하옵시고 표적과 기사가 거룩한 종 예수의 이름으로 이루어지게 하옵소서 하더라 빌기를 다하매 모인 곳이 진동하더니 무리가 다 성령이 충만하여 담대히 하나님의 말씀을 전하니라" – 사도행전 4장 29–31절

(2) 기도하면 믿음이 충만해진다.

"예수께서 이르시되 할 수 있거든이 무슨 말이냐 믿는 자에게는 능치 못할 일이 없느니라 하시니… 집에 들어가시매 제자들이 종용히 묻자오되 우리는 어찌하여 능히 그 귀신을 쫓아 내지 못하였나이까 이르시되 기도 외에 다른 것으로는 이런 유가 나갈 수 없느니라 하시니라" – 마가복음 9장 23–29절

"믿음이 없이는 기쁘시게 못하나니 하나님께 나아가는 자는 반드시 그가 계신 것과 또한 그가 자기를 찾는 자들에게 상 주시는 이심을 믿어야 할찌니라" – 히브리서 11장 6절

(3) 기도하면 사랑이 충만해진다.

"우리가 사랑함은 그가 먼저 우리를 사랑하셨음이라 누구든지 하나님을 사랑하노라 하고 그 형제를 미워하면 이는 거짓말 하는 자니 보는바 그 형제를 사랑치 아니하는 자가 보지 못하는바 하나님을 사랑할 수가 없느니라 우리가 이 계명을 주께 받았나니 하나님을 사랑하는 자는 또한 그 형제를 사랑할찌니라" – 요한1서 4장 19~21절

"사랑은 오래 참고 사랑은 온유하며 투기하는 자가 되지 아니하며 사랑은 자랑하지 아니하며 교만하지 아니하며 무례히 행치 아니하며 자기의 유익을 구치 아니하며 성내지 아니하며 악한 것을 생각지 아니하며 불의를 기뻐하지 아니하며 진리와 함께 기뻐하고 모든 것을 참으며 모든 것을 믿으며 모든 것을 바라며 모든 것을 견디느니라" – 고린도전서 13장 4~7절

(4) 기도하면 기쁨이 충만해진다.

"지금까지는 너희가 내 이름으로 아무 것도 구하지 아니하였으나 구하라 그리하면 받으리니 너희 기쁨이 충만하리라" – 요한복음 16장 24절

"여호와께서 복을 주시므로 사람으로 부하게 하시고 근심을 겸하여 주지 아니하시느니라" – 잠언 10장 22절

"제자들은 기쁨과 성령이 충만하니라" – 사도행전 13장 52절

(5) 기도하면 평안이 충만해진다.

"아무 것도 염려하지 말고 오직 모든 일에 기도와 간구로, 너희 구할 것을 감사함으로 하나님께 아뢰라 그리하면 모든 지각에 뛰어난 하나님의 평강이 그리스도 예수안에서 너희 마음과 생각을 지키시리라" – 빌립보서 4장 6,7절

『미국의 34대 대통령이 된 아이젠하워가 취임선서를 마치고 드린 기도다.

"지금 시대에도 전쟁 중에 있는 많은 국가와 사람들이 있습니다. 서로가 국가의 존엄성을 인정하며 평안을 위해 협력하는 진정한 평화의 시대가 되기를 기도합니다. 아멘"』

"두려워 말라 내가 너와 함께 함이니라 놀라지 말라 나는 네 하나님이 됨이니라 내가 너를 굳세게 하리라 참으로 너를 도와 주리라 참으로 나의 의로운 오른손으로 너를 붙들리라 보라 네게 노하던 자들이 수치와 욕을 당할 것이요 너와 다투는 자들이 아무 것도 아닌 것 같이 될 것이며 멸망할 것이라 네가 찾아도 너와 싸우던 자들을 만나지 못할 것이요 너를 치는 자들은 아무 것도 아닌 것 같이, 허무한 것 같이 되리니 이는 나 여호와 너의 하나님이 네 오른손을 붙들고 네게 이르기를 두려워 말라

내가 너를 도우리라 할 것임이니라" – 이사야 41장 10–13절

다섯째, 기도하면 승리하기 때문에 우리도 기도해야 한다.

"우리를 시험에 들게 하지 마옵시고 다만 악에서 구하옵소서 나라와 권세와 영광이 아버지께 영원히 있사옵나이다 아멘" – 마태복음 6장 13절

"시험에 들지 않게 깨어 있어 기도하라 마음에는 원이로되 육신이 약하도다 하시고" – 마가복음 14장 38절

"마귀의 궤계를 능히 대적하기 위하여 하나님의 전신갑주를 입으라 우리의 씨름은 혈과 육에 대한 것이 아니요 정사와 권세와 이 어두움의 세상 주관자들과 하늘에 있는 악의 영들에게 대함이라 그러므로 하나님의 전신갑주를 취하라 이는 악한 날에 너희가 능히 대적하고 모든 일을 행한 후에 서기 위함이라 그런즉 서서 진리로 너희 허리 띠를 띠고 의의 흉배를 붙이고 평안의 복음의 예비한 것으로 신을 신고 모든 것 위에 믿음의 방패를 가지고 이로써 능히 악한 자의 모든 화전을 소멸하고 구원의 투구와 성령의 검 곧 하나님의 말씀을 가지라 모든 기도

와 간구로 하되 무시로 성령 안에서 기도하고 이를 위하여 깨어 구하기를 항상 힘쓰며 여러 성도를 위하여 구하고" - 에베소서 6장 11-18절

결론

인생을 살다 보면 누구나 스스로의 힘으로 극복할 수 없는 고난과 역경을 당한다. 스스로의 힘으로 해결할 수 없다는 것을 누구보다 잘 알고 있기에 실망하고 좌절할 수밖에 없지만 연약한 우리를 위해 주님은 기도라는 특권을 허락하셨다.

기도는 연약한 우리를 위해 하나님이 허락하신 모든 문제의 마스터키다. 이 사실을 아시기에 예수님도 모든 사역 가운데 먼저 기도하셨다. 이 모습을 보며 기도의 힘을 체험한 제자들과 사도들도 똑같이 기도로 사명을 감당했다. 성경 곳곳에 쓰여 있는 기도에 대한 권면은 기도의 능력을 체험한 성도들의 살아있는 간증이기도 하다.

기도는 우리의 힘으로 할 수 없는 능력과 기적을 체험하는 성도의 특권이자 능력이다. 성경은 우리가 기도할 때 성령이 충만해지고, 사랑과 기쁨이 충만해지고, 평안을 누리며 승리하는 삶을 영위할 수 있음을 가르친다. 이 놀라운 능력은

오직 기도로만 누릴 수 있다. 신앙생활에서 기도는 결코 빠져서는 안 되는 필수적인 요소이다.

어려운 일이 닥쳤는가?

도저히 내 힘으로 해결할 수 없는가?

그때마다 주님께 나와 무릎을 꿇고 기도하라. 나를 위해 지금도 기도하고 계시는 전능하신 하나님이 놀라운 능력을 내 삶에 행하여 주심을 믿으라. 인생의 중대한 순간마다 하나님께 기도하는 사람은 하나님이 인도하시는 가장 좋은 길을 거닐며 살아계신 하나님을 체험하게 된다.

2. 기도의 중요한 요소

"모든 백성이 사무엘에게 이르되 당신의 종들을 위하여 당신의 하나님 여호와께 기도하여 우리로 죽지 않게 하소서 우리가 우리의 모든 죄에 왕을 구하는 악을 더하였나이다 사무엘이 백성에게 이르되 두려워 말라 너희가 과연 이 모든 악을 행하였으나 여호와를 좇는데서 돌이키지 말고 오직 너희 마음을 다하여 여호와를 섬기라 돌이켜 유익하게도 못하며 구원하지도 못하는 헛된 것을 좇지 말라 그들은 헛되니라 여호와께서는 너희로 자기 백성 삼으신 것을 기뻐하신고로 그 크신 이름을 인하여 자기 백성을 버리지 아니하실 것이요 나는 너희를 위하여 기도하기를 쉬는 죄를 여호와 앞에 결단코 범치 아니하고 선하고 의로운 도로 너희를 가르칠 것인즉 너희는 여호와께서 너희를 위하여 행하신 그 큰 일을 생각하여 오직 그를 경외하며 너희의 마음을 다하여 진실히 섬기라" – 사무엘상 12장 19–24절

서론

모든 성도들이 기도가 중요하다는 사실은 알고 있다. 다만 "시간이 없다", "방법을 모른다", "지루하다" 등의 이유로 중요하다고 생각만 할 뿐 실천에 옮기지는 않는다.

영어를 잘 하려면 아무리 힘들고 어려워도 공부를 어떻게든 시작해야 한다. 영어가 중요하다고 생각만 하는 것으로는 실력이 늘지 않듯이 기도도 마찬가지다.

성도가 하나님이 주신 능력을 체험하며 살아가기 위해선 기도 외에는 답이 없다. 성경을 비롯해 부흥의 불길을 일으키며 하나님의 사역에 크게 쓰임 받았던 모든 사람들은 하나같이 기도의 사람이었다.

루터는 "아침에 두 시간씩 기도하지 않으면 그날은 마귀가 승리하는 날이다"라고 말했고, 사무엘 루더포드는 하나님께 기도하기 위해 매일 새벽 3시에 일어났다. 앤드류 머레이는 "기도는 하늘의 힘을 좌우하는 지상의 유일한 힘이다"라고 말했다. 정말로 기도는 불가능을 가능하게 하는 힘이 있다.

히스기야는 병들어 죽게 됐을 때 하나님께 간절히 기도함으로 15년이나 생명이 연장됐다.

요나는 물고기 뱃속에서 기도함으로 탈출했다.

다니엘은 기도로 사자굴에서 무사했으며, 베드로는 예수님께 기도함으로 앉은뱅이를 일으켜 세웠다.

하나님의 능력을 기도로 누릴 수 있다면 우리의 능력은 중요하지 않다. 연약한 사람도 기도를 통해 강해질 수 있고, 기도를 통해 전능하신 하나님의 능력을 체험할 수 있다. 전지전능하신 하나님께 기도할 수 있다는 것은 성도의 가장 놀라운 특권이다.

이처럼 중요한 기도를 우리는 언제, 어떤 방법으로, 무엇을 위해 해야 하는가?

기도를 구성하고 있는 중요한 요소를 살펴보자.

첫째, 왜 기도해야 하는가?

기도는 하면 좋고, 안 해도 그만인 것이 아니라 반드시 해야만 하는 그리스도인의 숙명이자 호흡이다. 하루도 빠짐없이 매일 기도해야 하는 데에는 크게 두 가지 이유가 있다.

(1) 기도를 통해 하나님의 능력을 체험할 수 있기 때문이다.

예수님이 이 땅에 오신 이유는 우리를 구원하기 위해서다. 역사적으로 이보다 더 중요한 사건은 없다. 주님은 무엇보다 중요한 이 일을 감당하시면서 중요한 때마다 하나님을 '아버지'라 부르며 먼저 기도하셨다. 하나님은 주님의 간절한 기도를 외면하지 않으시고 필요한 때에 필요한 능력을 부어주셨다.

"제자 중 하나 곧 시몬 베드로의 형제 안드레가 예수께 여짜오되 여기 한 아이가 있어 보리떡 다섯 개와 물고기 두 마리를 가졌나이다 그러나 그것이 이 많은 사람에게 얼마나 되겠삽나이까 예수께서 가라사대 이 사람들로 앉게 하라 하신대 그 곳에 잔디가 많은지라 사람들이 앉으니 수효가 오천쯤 되더라 예수께서 떡을 가져 축사하신 후에 앉은 자들에게 나눠 주시고 고기도 그렇게 저희의 원대로 주시다" – 요한복음 6장 8–11절

사람의 생각과 계산으로는 도저히 해결할 수 없는 문제였지만 예수님은 기도함으로 오병이어로 오천 명을 먹이시고 12광주리나 남는 기적을 보여주셨다.

"무리를 보내신 후에 기도하러 따로 산에 올라가시다 저물매 거기 혼자 계시더니 배가 이미 육지에서 수리나 떠나서 바람이 거슬리므로 물결을 인하여 고난을 당하더라 밤 사경에 예수께서 바다 위로 걸어서 제자들에게 오시니" – 마태복음 14장 23–25절

사람의 능력으로는 절대로 물 위를 걸을 수 없다. 사람이 할 수 없는 놀라운 기적은 오직 하나님께 기도함으로 경험할 수 있다.

"예수께서 가라사대 내 말이 네가 믿으면 하나님의 영광을 보리라 하지 아니하였느냐 하신대 돌을 옮겨 놓으니 예수께서 눈을 들어 우러러 보시고 가라사대 아버지여 내 말을 들으신 것을 감사하나이다 항상 내 말을 들으시는 줄을 내가 알았나이다 그러나 이 말씀 하옵는 것

은 둘러선 무리를 위함이니 곧 아버지께서 나를 보내신
것을 저희로 믿게 하려 함이니이다 이 말씀을 하시고 큰
소리로 나사로야 나오라 부르시니 죽은 자가 수족을 베
로 동인채로 나오는데 그 얼굴은 수건에 싸였더라 예수
께서 가라사대 풀어 놓아 다니게 하라 하시니라" - 요한복음
11장 40-44절

한 번 죽은 사람이 어떻게 살아날 수 있겠는가?

숱한 이적을 보이신 예수님이라 할지라도 이는 불가능한
일처럼 보였다. 그럼에도 주님은 기도함으로 구하셨고 하나
님은 주님의 간절한 기도에 나사로를 살려주셨다.

"엘리야는 우리와 성정이 같은 사람이로되 저가 비 오
지 않기를 간절히 기도한즉 삼년 육개월 동안 땅에 비가
아니오고" - 야고보서 5장 17절

엘리야의 기도를 통해 하나님은 이스라엘 땅에 3년 6개월
이나 비가 내리지 않게 하셨다.

"그가 베드로와 요한이 성전에 들어 가려함을 보고 구
걸하거늘 베드로가 요한으로 더불어 주목하여 가로되
우리를 보라 하니 그가 저희에게 무엇을 얻을까 하여 바
라보거늘 베드로가 가로되 은과 금은 내게 없거니와 내
게 있는 것으로 네게 주노니 곧 나사렛 예수 그리스도의
이름으로 걸으라 하고" - 사도행전 3장 3-6절

성전의 앉은뱅이를 일으킨 것은 베드로의 능력이 아니라 주님의 이름으로 하나님께 드린 베드로의 기도 때문이다.

> "이에 홀연히 큰 지진이 나서 옥터가 움직이고 문이 곧 다 열리며 모든 사람의 매인 것이 다 벗어진지라 간수가 자다가 깨어 옥문들이 열린 것을 보고 죄수들이 도망한줄 생각하고 검을 빼어 자결하려 하거늘" – 사도행전 16장 26,27절

바울과 실라는 감옥에 갇혀 있을 때도 하나님을 높이고 찬양하는 기도를 드렸다. 그 결과 하나님은 바울과 실라가 감옥에서 나올 수 있게 능력을 보이셨다.

이처럼 우리는 기도를 통해 전능하신 하나님의 능력을 체험할 수 있다. 기도할 때 하나님의 살아계심과 역사하심을 체험하는 그리스도인이 될 수 있다.

(2) 예수 그리스도께서 기도하셨기 때문이다.

예수님은 공생애의 기간 동안 중요한 사역을 앞두고는 항상 기도하셨다. 공생애를 시작하실 때에도 기도하셨으며(눅 3:21), 복음을 전할 열두 제자를 선택하실 때에도 기도하셨다(눅 6:12,13). 오병이어의 기적, 나사로를 살리실 때, 최후의 만찬을 하시면서도 주님은 먼저 기도하시며 본을 보이셨다. 기적을 보이실 뿐 아니라 십자가의 고난을 당하시는 것 역시 하나님이 맡겨주신 사명이었기에 때문에 주님은 기도하

셨다.

"이에 예수께서 제자들과 함께 겟세마네라 하는 곳에 이르러 제자들에게 이르시되 내가 저기 가서 기도할 동안에 너희는 여기 앉아 있으라 하시고 베드로와 세베대의 두 아들을 데리고 가실쌔 고민하고 슬퍼하사 이에 말씀하시되 내 마음이 심히 고민하여 죽게 되었으니 너희는 여기 머물러 나와 함께 깨어 있으라 하시고 조금 나아가사 얼굴을 땅에 대시고 엎드려 기도하여 가라사대 내 아버지여 만일 할만하시거든 이 잔을 내게서 지나가게 하옵소서 그러나 나의 원대로 마옵시고 아버지의 원대로 하옵소서 하시고 제자들에게 오사 그 자는 것을 보시고 베드로에게 말씀하시되 너희가 나와 함께 한 시 동안도 이렇게 깨어 있을 수 없더냐 시험에 들지 않게 깨어 있어 기도하라 마음에는 원이로되 육신이 약하도다 하시고 다시 두번째 나아가 기도하여 가라사대 내 아버지여 만일 내가 마시지 않고는 이 잔이 내게서 지나갈 수 없거든 아버지의 원대로 되기를 원하나이다 하시고 다시 오사 보신즉 저희가 자니 이는 저희 눈이 피곤함일러라 또 저희를 두시고 나아가 세번째 동일한 말씀으로 기도하신 후" – 마태복음 26장 36–44절

하나님과 동등하신 예수님이시지만 세상에서 시험을 이기

고 하나님의 능력을 체험할 수 있는 방법은 오직 기도뿐이기에 주님은 시종일관 기도의 삶을 사셨다. 주님의 삶을 따르고 배우는 우리 역시 기도를 쉬지 않아야 한다.

(3) 하나님의 명령이기 때문이다.

> "집에 들어가시매 제자들이 종용히 묻자오되 우리는 어찌하여 능히 그 귀신을 쫓아 내지 못하였나이까 이르시되 기도 외에 다른 것으로는 이런 유가 나갈 수 없느니라 하시니라" – 마가복음 9장 28,29절

기도는 죄가 만연한 세상에서 그리스도인으로 생존하기 위한 필수 조건이다. 기도하지 않고서는 올바른 신앙을 유지할 수 없고 하나님의 능력도 체험할 수 없다. 하나님을 만나고 능력을 체험한 모든 사람은 기도의 중요성을 깨닫고 기도에 전념한 사람들이었다.

> "나는 너희를 위하여 기도하기를 쉬는 죄를 여호와 앞에 결단코 범치 아니하고 선하고 의로운 도로 너희를 가르칠 것인즉" – 사무엘상 12장 23절

둘째, 무엇을 기도해야 하는가?

우리는 기도로 무엇을 구해야 하는가?

기도를, 바라는 대로 뭐든지 생겨나게 하는 도깨비방망이로 생각하는 사람들이 있다. 기도에 대해서 깊이 알지 못하는 아주 편협한 생각이다. 하나님이 이미 주신 것에 감사하는 것도 우리가 기도할 이유이며, 심지어 기도에 응답하지 않으실 때도 우리는 그에 대한 감사의 기도를 드려야 한다.

성경에는 크게 기도해야 하는 7가지의 이유가 나온다.

(1) 일용할 양식을 위해 기도해야 한다.

하루하루가 저절로 살아지는 것 같지만 우리가 누리고 있는 당연한 것들도 모두 하나님의 은혜이다. 따스한 태양, 때에 맞게 내리는 비, 깨끗한 공기, 아늑한 보금자리 등 모든 것이 하나님의 은혜이기에 매일의 삶을 보살펴주시는 주님께 일용할 양식을 구하며 감사해야 한다.

"오늘날 우리에게 일용할 양식을 주옵시고" - 마태복음 6장 11절

"너희는 먼저 그의 나라와 그의 의를 구하라 그리하면 이 모든 것을 너희에게 더하시리라" - 마태복음 6장 33절

(2) 회개를 위해 기도해야 한다.

주님의 보혈로 구원받은 우리지만 세상을 살아가며 매일 죄를 짓고 살아가기 때문에 회개 기도가 필요하다. 보혈의 능력으로 죄를 씻어 주사 마음을 정결케 해달라고 매일 기도해야 한다.

"우리가 우리에게 죄 지은 자를 사하여 준것 같이 우리 죄를 사하여 주옵시고"– 마태복음 6장 12절

"만일 우리가 우리 죄를 자백하면 저는 미쁘시고 의로 우사 우리 죄를 사하시며 모든 불의에서 우리를 깨끗케 하실 것이요"– 요한1서 1장 9절

"자기의 죄를 숨기는 자는 형통치 못하나 죄를 자복하고 버리는 자는 불쌍히 여김을 받으리라"– 잠언 28장 13절

(3) 성경을 깨닫기 위해 기도해야 한다.

진리의 말씀인 성경은 단순히 지식으로 읽는 것이 아니다. 같은 말씀을 읽어도 기도함으로 하나님이 보내주신 성령과 함께할 때 성경은 진정한 진리의 말씀으로 우리에게 다가온다.

"오직 하나님이 성령으로 이것을 우리에게 보이셨으니 성령은 모든 것 곧 하나님의 깊은 것이라도 통달하시느

니라 사람의 사정을 사람의 속에 있는 영 외에는 누가 알리요 이와 같이 하나님의 사정도 하나님의 영 외에는 아무도 알지 못하느니라"– 고린도전서 2장 10,11절

(4) 죄의 유혹을 이기고 승리하기 위해 기도해야 한다.

광야에서 마귀의 시험을 받으신 예수님은 기도로 승리하셨다. 단 하루를 살아도 보고, 듣고, 느끼는 것들을 통한 숱한 유혹이 우리의 삶에 쏟아져 들어온다. 이 유혹들을 이겨내고 오직 하늘의 주님만 바라보며 맡은 사명을 향해 달려가기 위해 우리는 기도해야 한다.

"이로써 우리도 듣던 날부터 너희를 위하여 기도하기를 그치지 아니하고 구하노니 너희로 하여금 모든 신령한 지혜와 총명에 하나님의 뜻을 아는 것으로 채우게 하시고 주께 합당히 행하여 범사에 기쁘시게 하고 모든 선한 일에 열매를 맺게 하시며 하나님을 아는 것에 자라게 하시고 그 영광의 힘을 좇아 모든 능력으로 능하게 하시며 기쁨으로 모든 견딤과 오래 참음에 이르게 하시고 우리로 하여금 빛 가운데서 성도의 기업의 부분을 얻기에 합당하게 하신 아버지께 감사하게 하시기를 원하노라"– 골로새서 1장 9–12절

(5) 지혜와 명철을 달라고 기도해야 한다.

솔로몬은 하나님께 받은 지혜로 역사상 가장 지혜로운 왕이 됐다. 하나님이 주신 사명을 감당하기 위해 구하는 모든 것을 하나님은 아끼지 않고 후하게 우리에게 내려주신다. 부족한 지혜와 명철도 주님께 기도함으로 얻을 수 있다.

> "너희 중에 누구든지 지혜가 부족하거든 모든 사람에게 후히 주시고 꾸짖지 아니하시는 하나님께 구하라 그리하면 주시리라"- 야고보서 1장 5절

> "기브온에서 밤에 여호와께서 솔로몬의 꿈에 나타나시니라 하나님이 이르시되 내가 네게 무엇을 줄꼬 너는 구하라 솔로몬이 가로되… 누가 주의 이 많은 백성을 재판할 수 있사오리이까 지혜로운 마음을 종에게 주사 주의 백성을 재판하여 선악을 분별하게 하옵소서"- 열왕기상 3장 5–9절

(6) 다른 사람을 돕기 위해 기도해야 한다.

기도는 반드시 나를 위해서만 드려야 하는 것이 아니다. 기도의 능력은 다른 사람에게도 동일하게 열려 있다. 성경은 주님의 종, 자녀, 아픈 사람, 모든 성도, 정치인, 심지어 우리를 괴롭히는 사람들을 위해서도 기도하라고 가르친다. 모든 사람을 구원하러 오신 예수님이기 때문에 우리도 기도의 능

력을 그 사역을 위해 사용해야 한다.

"또 나를 위하여 구할 것은 내게 말씀을 주사 나로 입을 벌려 복음의 비밀을 담대히 알리게 하옵소서 할 것이니 이 일을 위하여 내가 쇠사슬에 매인 사신이 된 것은 나로 이 일에 당연히 할 말을 담대히 하게 하려 하심이니라" – 에베소서 6장 19,20절

"너희 중에 병든 자가 있느냐 저는 교회의 장로들을 청할 것이요 그들은 주의 이름으로 기름을 바르며 위하여 기도할찌니라 믿음의 기도는 병든 자를 구원하리니 주께서 저를 일으키시리라 혹시 죄를 범하였을찌라도 사하심을 얻으리라 이러므로 너희 죄를 서로 고하며 병 낫기를 위하여 서로 기도하라 의인의 간구는 역사하는 힘이 많으니라" – 야고보서 5장 14-16절

"내가 비옵는 것은 이 사람들만 위함이 아니요 또 저희 말을 인하여 나를 믿는 사람들도 위함이니" – 요한복음 17장 20절

"나는 너희에게 이르노니 너희 원수를 사랑하며 너희를 핍박하는 자를 위하여 기도하라" – 마태복음 5장 44절

"기도를 항상 힘쓰고 기도에 감사함으로 깨어 있으라 또한 우리를 위하여 기도하되 하나님이 전도할 문을 우리에게 열어 주사 그리스도의 비밀을 말하게 하시기를 구하라 내가 이것을 인하여 매임을 당하였노라" – 골로새서 4장 2,3절

"혹 영으로나 혹 말로나 혹 우리에게서 받았다 하는 편지로나 주의 날이 이르렀다고 쉬 동심하거나 두려워하거나 하지 아니할 그것이라 누가 아무렇게 하여도 너희가 미혹하지 말라 먼저 배도하는 일이 있고 저 불법의 사람 곧 멸망의 아들이 나타나기 전에는 이르지 아니하리니" – 데살로니가후서 2장 2,3절

(7) 생활에 필요한 모든 것을 위해 기도해야 한다.

또한 기도는 하나님과의 대화이다. 기도를 통해 하나님께 마음을 드리며 진실한 마음, 필요한 모든 것을 기도로 하나님께 아뢸 수 있다. 신앙뿐 아니라 우리의 삶에 필요한 모든 것들도 하나님께 구할 수 있고, 구해야 한다.

"아무 것도 염려하지 말고 오직 모든 일에 기도와 간구로, 너희 구할 것을 감사함으로 하나님께 아뢰라 그리하면 모든 지각에 뛰어난 하나님의 평강이 그리스도 예수 안에서 너희 마음과 생각을 지키시리라" – 빌립보서 4장 6,7절

셋째, 어떻게 기도해야 하는가?

기도를 하지 못하는 가장 큰 이유 중의 하나는 방법을 몰라서이다. 특히 초신자들에게 기도는 어렵게 다가온다. 말씀을 묵상함으로 우리는 어떤 기도를 드려야 하는지 배울 수 있으며 또 주님은 부족한 우리를 위해 친히 기도하는 법을 가르쳐주셨다.

(1) 예수 그리스도의 이름으로 기도해야 한다.

우리가 감히 하나님께 기도할 수 있는 것은 바로 예수 그리스도의 은혜 때문이다. 주님의 은혜의 도우심으로 하나님께서 우리의 기도를 들으시고 응답하신다. 우리를 구원하실 뿐 아니라 기도의 다리가 되어주신 분이 예수 그리스도이기 때문에 모든 기도는 반드시 예수님의 이름으로, 예수님의 영광을 위해, 예수님의 뜻에 맞게 드려져야 한다.

> "너희가 내 이름으로 무엇을 구하든지 내가 시행하리니 이는 아버지로 하여금 아들을 인하여 영광을 얻으시게 하려 함이라 내 이름으로 무엇이든지 내게 구하면 내가 시행하리라" – 요한복음 14장 13,14절

(2) 성령님의 도우심을 받아 기도해야 한다.

사무엘 채드윅은 마귀의 최대 관심사는 그리스도인의 기

도를 방해하는 것이라고 말했다.

'기도 없는 연구, 기도 없는 사업, 기도 없는 신앙'을 마귀는 두려워하지 않기 때문이다. 마귀는 우리의 노력과 지혜, 성공을 두려워하지 않고 오직 우리의 기도만을 두려워한다. 기도는 이처럼 강력한 마귀의 대적 수단이자 영적으로 하나님과 대화하는 유일한 방법이다. 마귀의 최우선 과제는 성도의 기도를 방해하는 것이기 때문에 우리는 항상 성령님의 도우심을 구함으로 마귀의 방해를 물리치며 기도해야 한다.

"이와 같이 성령도 우리 연약함을 도우시나니 우리가 마땅히 빌바를 알지 못하나 오직 성령이 말할 수 없는 탄식으로 우리를 위하여 친히 간구하시느니라 마음을 감찰하시는 이가 성령의 생각을 아시나니 이는 성령이 하나님의 뜻대로 성도를 위하여 간구하심이니라"- 로마서 8장 26,27절

"모든 기도와 간구로 하되 무시로 성령 안에서 기도하고 이를 위하여 깨어 구하기를 항상 힘쓰며 여러 성도를 위하여 구하고"- 에베소서 6장 18절

(3) 하나님께 기도해야 한다.

믿음이 없는 사람도 기도를 한다. 하나님이 아닌 다른 신들, 혹은 막연한 허공에 대고 그리스도인보다 더 간절히 빌기도 한다. 그러나 기도에는 하나님이라는 분명한 목적의 주

체가 있기 때문에 하나님을 향하는 것만이 올바른 기도다. 모든 기도는 살아서 역사하심으로 우리의 삶을 인도하시는 전능하신 하나님께 드려져야 한다.

> "그 날에는 너희가 아무 것도 내게 묻지 아니하리라 내가 진실로 진실로 너희에게 이르노니 너희가 무엇이든지 아버지께 구하는 것을 내 이름으로 주시리라" – 요한복음 16장 23절

(4) 진실하고 간절하게 기도해야 한다.

하나님 앞에 설 수 없던 내가 주님의 은혜로 비로소 하나님께 기도할 수 있게 되었다. 이 은혜를 향한 감격으로 진실한 마음과 간절한 고백을 하나님께 드려야 한다.

우리의 심중을 아시는 주님께 더욱 진실함으로, 간절함으로 기도의 고백을 드리자.

> "또 이르시되 너희 중에 누가 벗이 있는데 밤중에 그에게 가서 말하기를 벗이여 떡 세 덩이를 내게 빌리라 내 벗이 여행 중에 내게 왔으나 내가 먹일 것이 없노라 하면 저가 안에서 대답하여 이르되 나를 괴롭게 하지 말라 문이 이미 닫혔고 아이들이 나와 함께 침소에 누웠으니 일어나 네게 줄 수가 없노라 하겠느냐 내가 너희에게 말하노니 비록 벗됨을 인하여서는 일어나 주지 아니할찌

라도 그 강청함을 인하여 일어나 그 소용대로 주리라"–

누가복음 11장 5–8절

넷째, 언제 기도할 것인가?

기도는 모든 순간, 모든 상황에서 할 수 있다. "쉬지 말고 기도하라"라는 성경의 가르침을 따라 우리는 기도가 필요한 모든 순간에 하나님 앞에 무릎을 꿇을 수 있다.

우리의 상황과 생활에 맞춰 동일하게 주님께 기도할 시간을 정하는 것부터 시작해 일상 가운데 틈틈이 하나님께 필요한 간구와 마음의 고백을 드리자.

- 아침에 일어나서 하루를 주심에 감사하며
- 식사 전에 음식을 주심에 감사하며
- 공부할 때 지혜를 주심에 감사하며
- 운동할 때 건강을 주심에 감사하며
- 내 힘으로 해결할 수 없는 문제를 만날 때
- 외롭고 힘들 때 위로와 평안을 간구하며
- 아플 때 치유를 위해
- 큰 직책을 맡았을 때 감당할 능력을 위해
- 시간을 정해 놓고
- 잠자리에 들기 전에 회개와 반성을 하며

다섯째, 어디에서 기도할 것인가?

 기도의 장소는 정해진 것이 아니다. 성경의 인물들도 시대와 상황에 따라 각기 다른 곳에서 기도를 드렸다. 하나님께 마음을 드릴 수 있다면 장소는 중요하지 않으며 장소보다도 기도의 내용과 자세가 더욱 중요하다.

- 예수님은 주로 산에서 기도하셨다.
- 다니엘은 창문을 열어 놓고 집에서 기도했다.
- 요나는 물고기 뱃속에서 기도했다.
- 하박국은 파수대에서 기도했다.
- 세리들은 성전 뒤에서 기도했다.
- 바울은 해변가에서 기도했다.
- 순교자들은 제단에서도 기도했다.

 마찬가지로 우리도 부엌, 직장, 학교, 차, 거리 등 모든 일상 가운데 얼마든지 주님께 기도할 수 있다.

결론

 기도는 신앙생활에서 절대적으로 중요한 요소이다. 기도하지 않는 사람은 자기 능력으로 살아가는 사람이며 기도하는 사람은 하나님의 능력을 힘입어 살아가는 사람이다.

우리가 기도할 때 하나님은 자신의 능력을 우리에게 나타내신다. 기도할 때 우리는 필요한 모든 것을 필요한 순간에, 필요한 장소에서 응답받을 수 있다.

하나님은 하늘에 계신 우리의 아버지이심으로 예수 그리스도의 이름을 통해 말씀의 선한 뜻을 따라 구하는 것은 무엇이든지 응답해 주신다. 진정한 그리스도인이 되기 위해서는 전능하시고, 신실하신 사랑의 하나님을 믿고 진실함으로 간절하게, 언제든 필요한 것을 구하는 기도의 삶을 살아가야 한다.

3. 기도 응답을 받으려면

"여호와여 나의 영혼이 주를 우러러 보나이다 나의 하나님이여 내가 주께 의지하였사오니 나로 부끄럽지 않게 하시고 나의 원수로 나를 이기어 개가를 부르지 못하게 하소서 주를 바라는 자는 수치를 당하지 아니하려니와 무고히 속이는 자는 수치를 당하리이다… 여호와의 친밀함이 경외하는 자에게 있음이여 그 언약을 저희에게 보이시리로다 내 눈이 항상 여호와를 앙망함은 내 발을 그물에서 벗어나게 하실 것임이로다"–시편 25편 1–15절

서론

낙타는 하루에 무릎을 두 번 꿇는다.

아침에 짐을 지기 위해 주인 앞에서 무릎을 꿇고, 이동을 마치고 짐을 내리기 위해 다시 주인 앞에 무릎을 꿇는다. 하루에 두 번은 무릎을 꿇어야 일과를 마치는 낙타처럼 그리스도인 역시 최소 두 번 아침과 저녁에는 기도해야 한다. 기도는 아침을 여는 열쇠이며 저녁을 잠그는 자물쇠다. 다윗은 하루 두 번을 넘어 하루 종일 기도했다.

"저녁과 아침과 정오에 내가 근심하여 탄식하리니 여호와께서 내 소리를 들으시리로다"–시편 55편 17절

하나님은 정말로 우리의 기도에 응답하신다. 그러나 어떤 때는 아무리 열심히 기도해도 하나님이 응답하시지 않는다고 느껴진다. 옳지 않은 방법으로 기도했거나 기도의 자세가 잘못되었을 때가 그렇다. 만약 내일이 시험인 사람이 그동안 내내 놀다가 시험을 잘 보게 해달라고 하루 기도를 드린다면 하나님이 그 기도를 이루어주시겠는가? 이런 기도는 결코 응답받을 수 없는 기도이다. 기도에 응답받기 위해서 어떤 조건과 자세가 필요한지를 살펴보자.

첫째, 기도 응답을 받기 위한 조건

(1) 열심히 기도해야 한다.

기도 응답의 가장 중요한 선제 조건은 당연하게도 일단 기도의 실천이다. 복권 당첨이 아무리 확률이 희박해도 구입하는 사람이 당첨된다. 마찬가지로 기도를 하지 않고서 응답을 바라는 것은 어불성설이다. 아무리 복권을 많이 사도 평생 당첨될 확률은 매우 희박하지만 기도는 반드시 응답해 주시겠다는 하나님의 보장이 있다. 구하는 대로 주실 뿐 아니라 우리의 생각을 넘어 더욱 크게 응답하시는 주님을 믿고 우리는 담대히, 열심히 기도해야 한다.

"구하라 그러면 너희에게 주실 것이요 찾으라 그러면

찾을 것이요 문을 두드리라 그러면 너희에게 열릴 것이니 구하는 이마다 얻을 것이요 찾는 이가 찾을 것이요 두드리는 이에게 열릴 것이니라 너희 중에 누가 아들이 떡을 달라 하면 돌을 주며 생선을 달라 하면 뱀을 줄 사람이 있겠느냐 너희가 악한 자라도 좋은 것으로 자식에게 줄줄 알거든 하물며 하늘에 계신 너희 아버지께서 구하는 자에게 좋은 것으로 주시지 않겠느냐" – 마태복음 7장 7절-11절

(2) 예수님 안에 거해야 한다.

예수님은 비유를 통해 포도나무인 주님께 가지인 우리가 붙어있어야 풍성한 열매를 맺는다고 말씀하셨다. 하나님의 뜻을 따라 기도했기에 모든 응답을 받은 예수님처럼 우리도 예수님께 접붙임 되어 예수님의 마음을 알아야 예수님의 뜻을 따라 기도할 수 있다.

"내 안에 거하라 나도 너희 안에 거하리라 가지가 포도나무에 붙어 있지 아니하면 절로 과실을 맺을 수 없음 같이 너희도 내 안에 있지 아니하면 그러하리라 나는 포도나무요 너희는 가지니 저가 내 안에, 내가 저 안에 있으면 이 사람은 과실을 많이 맺나니 나를 떠나서는 너희가 아무것도 할 수 없음이라" – 요한복음 15장 4,5절

(3) 자백하며 회개해야 한다.

죄의 문제를 해결하지 않고서는 하나님께 나아갈 수 없다. 믿지 않는 사람들의 기도를 하나님이 들어주시지 않는 것처럼 그리스도인이라 하더라도 죄를 회개하지 않는 사람의 교만한 기도는 하나님이 들어주시지 않는다.

"여호와의 손이 짧아 구원치 못하심도 아니요 귀가 둔하여 듣지 못하심도 아니라 오직 너희 죄악이 너희와 너희 하나님 사이를 내었고 너희 죄가 그 얼굴을 가리워서 너희를 듣지 않으시게 함이니" – 이사야 59장 1,2절

(4) 용서해야 한다.

기도를 드릴 때 왜 다른 사람을 용서해야 하는가?

마음속에 원망과 미움이 있는 사람은 온전한 마음으로 기도할 수 없기 때문이다. 하나님도 우리의 모든 죄를 용서해주신 것처럼 우리도 먼저 다른 사람의 잘못과 실수를 용서하고 온전한 마음으로 집중함으로 기도드려야 한다.

"서서 기도할 때에 아무에게나 혐의가 있거든 용서하라 그리하여야 하늘에 계신 너희 아버지도 너희 허물을 사하여 주시리라 하셨더라" – 마가복음 11장 25절

(5) 하나님의 뜻에 맞게 기도해야 한다.

정욕을 따라 드리는 모든 기도에 하나님이 응답해 주신다면 축복이 아닌 저주로 여겨질 것이다. 한 사람의 기도가 응답받을 때마다 다른 사람들이 불행해진다면 하나님은 '안된다'로 응답하실 수밖에 없다. 이런 이유로 기도를 아무리 열심히 드려도 하나님의 뜻에 합하지 않는다면 응답받을 수 없다. 하나님께서 영광 받으실 하나님의 뜻을 따라 드리는 기도에만 주님은 응답해 주신다.

> "너희가 내 이름으로 무엇을 구하든지 내가 시행하리니 이는 아버지로 하여금 아들을 인하여 영광을 얻으시게 하려 함이라" – 요한복음 14장 13절

둘째, 기도 응답을 받기 위한 자세

만나는 사람에 따라 자세와 예의가 달라지는 것은 세상에서도 상식이다. 친구를 만날 때와 부모님을 만날 때, 선생님을 만날 때와 대통령을 만날 때의 자세는 모두 다르다. 만왕의 왕이신 하나님을 만나고 대화하는 기도를 드릴 때도 마땅히 자세를 신경 써야 한다.

(1) 겸손하게 기도해야 한다.

기도의 내용이 아무리 좋다 하더라도 자세가 바르지 않다면 하나님은 응답해 주시지 않는다. 애초에 예수님이 아니고서는 하나님께 이를 수 없었던 우리였음을 잊지 말고 베푸신 은혜에 감사한 마음으로 겸손하게 기도를 올려야 한다.

> "젊은 자들아 이와 같이 장로들에게 순복하고 다 서로 겸손으로 허리를 동이라 하나님이 교만한 자를 대적하시되 겸손한 자들에게는 은혜를 주시느니라 그러므로 하나님의 능하신 손 아래서 겸손하라 때가 되면 너희를 높이시리라 너희 염려를 다 주께 맡겨 버리라 이는 저가 너희를 권고하심이니라" - 베드로전서 5장 5-7절

(2) 믿음으로 기도해야 한다.

하나님을 믿지 못하면서 하나님이 기도를 들어주실 것이라고 생각할 수는 없다. 하나님께 기도하며 믿는 마음이 없다면 기도는 응답되지 않는다. 하나님은 온전히 자신을 신뢰하는 사람에게 능력을 보여주신다. 마태복음의 중풍 병자를 고쳐주실 때 주님은 믿음을 보셨다(마 9:2). 혈루증 여인도 믿음으로 병 고침을 받았고(마 9:20), 마리아도 믿음으로 구원 받았다(눅 7:50). 날 구원하신 하나님을 진정으로 믿는 마음으로 기도할 때 하나님은 응답하신다.

"믿음이 없이는 기쁘시게 못하나니 하나님께 나아가는
자는 반드시 그가 계신 것과 또한 그가 자기를 찾는 자들
에게 상 주시는 이심을 믿어야 할찌니라"–히브리서 11장 6절

(3) 인내하며 기도해야 한다.

기도 응답에는 무엇보다 타이밍이 중요하다. 같은 응답이
라도 언제 이루어지느냐에 따라서 독이 될 수도, 약이 될 수
도 있다. 가장 적합한 때를 아시는 지혜의 하나님이 계획하
신 그때 기도를 응답해 주실 줄 믿고 인내함으로 계속 구해
야 한다.

"항상 기도하고 낙망치 말아야 될 것을 저희에게 비유
로 하여 가라사대 어떤 도시에 하나님을 두려워 아니하
고 사람을 무시하는 한 재판관이 있는데 그 도시에 한
과부가 있어 자주 그에게 가서 내 원수에 대한 나의 원
한을 풀어 주소서 하되 그가 얼마 동안 듣지 아니하다가
후에 속으로 생각하되… 이 과부가 나를 번거롭게 하니
내가 그 원한을 풀어 주리라 그렇지 않으면 늘 와서 나
를 괴롭게 하리라 하였느니라… 하물며 하나님께서 그
밤낮 부르짖는 택하신 자들의 원한을 풀어 주지 아니하
시겠느냐 저희에게 오래 참으시겠느냐"–누가복음 18장 1-7절

(4) 하나님의 영광을 위해 기도해야 한다.

우리를 위해 독생자를 세상에 보내신 하나님, 마땅히 모든 피와 물을 쏟으사 구원의 대업을 이루신 예수님을 생각할 때 우리는 땅이 아닌 천국을 향해 살아야 한다.

그리스도인이라는 말 자체가 세상을 등지고 예수님을 믿고 따른다는 뜻이다. 기도에 응답해 주신다는 하나님의 말씀을 우리의 소욕을 채우기 위한 방편으로만 이해하는 사람에게는 하나님이 결코 응답해 주시지 않는다.

삼손은 하나님이 주신 능력을 자기 뜻대로 사용하다가 큰 변을 당했다. 그러나 최후의 때에 하나님의 뜻을 따라 드린 기도에 주님은 응답해 주셨다. 하나님의 능력은 실로 제한이 없으시다.

여호수아의 기도에 해를 멈춰주신 하나님, 엘리야의 기도에 불과 비로 응답하신 하나님, 모세의 기도에 홍해를 가르신 하나님…. 그 하나님이 우리의 기도에 응답하여 주신다고 약속하셨다. 우리를 향한 하나님의 계획을 이룸으로 세상에 하나님의 영광이 되는 제목을 구하고 기대할 때 주님은 반드시 응답하신다.

"너희가 내 이름으로 무엇을 구하든지 내가 시행하리니 이는 아버지로 하여금 아들을 인하여 영광을 얻으시게 하려 함이라" – 요한복음 14장 13절

결론

신앙생활은 곧 기도 생활이다. 기도는 아무리 강조해도 지나치지 않을 정도로 신앙생활에 중요한 요소이다. 이토록 중요한 기도를 많은 성도들이 너무도 소홀히 여기고 있으며, 때로는 얻지도 못할 헛된 제목을, 잘못된 자세로, 잘못된 동기로 간절히 구하기만 한다.

응답받지 못하는 기도는 우리의 삶에 아무런 유익이 되지 못한다. 하나님께서 기도를 응답하여 주시지 않는 것이 아니라 우리의 기도가 하나님이 응답해 주실 수 없는 기도라는 것을 먼저 이해해야 이 문제를 해결할 수 있다.

회개하며 죄를 버릴 때 예수님 안에 거할 수 있으며, 예수님 안에 거할 때 주님이 주시는 사랑과 평안으로 다른 사람을 용서할 수 있다. 신실한 마음으로 주님의 뜻을 따라 구할 때 하나님은 가장 좋은 때에 우리의 기도에 응답하시고 그로 인해 세상에 하나님의 영광이 드높아진다.

만왕의 왕이신 주님께 기도하며 겸손함으로 쉬지 않을 때 진실로 주님은 우리의 모든 기도를 응답하신다. 우리의 기도에 응답하시는 주님을 체험함으로 매일 하나님과 동행하며 하나님의 능력을 체험하는 그리스도인으로 살아가자.

4. 기도의 장애물

"너희 중에 싸움이 어디로, 다툼이 어디로 좇아 나느뇨 너희 지체 중에서 싸우는 정욕으로 좇아 난 것이 아니냐 너희가 욕심을 내어도 얻지 못하고 살인하며 시기하여도 능히 취하지 못하나니 너희가 다투고 싸우는도다 너희가 얻지 못함은 구하지 아니함이요 구하여도 받지 못함은 정욕으로 쓰려고 잘못 구함이니라 간음하는 여자들이여 세상과 벗된 것이 하나님의 원수임을 알지 못하느뇨 그런즉 누구든지 세상과 벗이 되고자 하는 자는 스스로 하나님과 원수되게 하는 것이니라" – 야고보서 4장 1-4절

서론

사람은 3분만 숨을 쉬지 않아도 죽는다. 숨을 세계에서 가장 오래 참는 사람도 24분이 한계다. 숨을 쉬지 않으면 인간은 하루가 아닌 1시간도 살지 못한다.

성도에게 있어서 기도도 마찬가지다.

기도하지 않는 성도의 영적 상태는 호흡하지 않고 버티는 것과 같다. 숨을 쉬지 않고 괜찮은 사람은 있을 수가 없다. 그런데도 많은 성도들이 기도하지 않으며 "숨을 쉬지 않아도 괜찮다"라며 기도 생활을 게을리하고 있다.

기도는 사탄이 가장 두려워하는 성도의 행동이며 모든 일을 변화시킬 수 있는 능력의 통로이다. 기도할 때 세상에서 하나님의 자녀로 빛을 잃지 않고 살아갈 수 있다. 말 그대로 기도는 그리스도인으로 세상에서 살아가기 위한 호흡인 것이다.

일제 강점기, 순사(경찰)들이 신사참배를 강요하던 시대에도 주기철 목사님은 끝까지 신앙을 지키셨다. 순교를 당하는 순간까지 놓지 않았던 기도 때문에 가능했던 일이다. 당시에도 많은 그리스도인이 있었지만 오직 기도하는 그리스도인만이 끝까지 신앙을 지켰다.

미국의 32대 대통령 루스벨트가 갑자기 서거하고 그 뒤를 이어 대통령에 오른 트루먼은 기자회견에서 "만일 여러분이 그리스도인이라면 지금 당장 나를 위해 기도해 주십시오"라고 부탁했다. 나라를 다스리는 정치에 있어서도 가장 필요한 것이 기도라는 것을 알았기 때문이다.

기도는 이토록 중요하다.
기도하면 하나님의 응답을 경험하고, 하나님의 축복을 누리고, 믿음이 성장하고, 하나님을 더 깊이 알게 된다. 말로만 하나님을 사랑하며 더 가까이 가기를 고백하며 정작 기도는 멀리한다면 분명히 잘못된 신앙이다.

사탄이 가장 싫어하는 것이 기도이기 때문에 사탄은 가장 강력하고 다양한 방법으로 기도를 방해한다. 이 장애물을 극복하지 못하면 기도를 할 수 없고, 한다 해도 시험에 빠져 응답에 이르지 못하게 된다. 기도 생활을 방해하는 장애물이 무엇인지 살펴보고 그로부터 승리하는 비법을 배워보자.

첫째, 정욕은 기도의 장애물이다.

『한 단체에서 남편을 전도 중인 성도들을 대상으로 "남편이 교회에 다녔으면 하는 이유가 무엇인지"를 조사했다.

가장 큰 이유는 두 가지였다.

1. 내 신앙생활을 이해하고 도와줄 것 같아서

2. 외도하지 않고 가정에 충실할 것 같아서

예수님을 만나고 남편이 구원받을 때 분명히 일어나는 결과이지만 이기적이고 잘못된 동기이다. 남편의 영혼을 사랑하고 그 영혼이 구원받아 하나님의 뜻대로 살아가는 기본적인 전도의 동기가 없기 때문이다.

남편과 가족을 전도하는 건 매우 중요한 일이며 하나님이 기뻐하시는 일이지만 이처럼 잘못된 동기로 구할 땐 기도 응답이 더디고 늦을 수밖에 없다.』

기도할 때 가장 큰 방해물은 우리의 정욕이다.

세상이 아닌 하나님을 따라 살겠다고 고백했음에도 여전히 마음과 소원이 세상에 묶여 있는 사람이 많다. 예수님은 우리 모든 그리스도인이 한마음 한뜻으로 하나님의 영광을 위해 살아가길 원하신다. 그래서 말씀을 주셨고 그 말씀을 통해 올바른 것을 구해야 한다.

> "나는 세상에 더 있지 아니하오나 저희는 세상에 있사옵고 나는 아버지께로 가옵나니 거룩하신 아버지여 내게 주신 아버지의 이름으로 저희를 보전하사 우리와 같이 저희도 하나가 되게 하옵소서" – 요한복음 17장 11절

예수님은 자신을 박해하는 사람들까지도 용서하며 기도하셨다. 그에 비해 우리의 기도는 '나', '내 가족', '우리 교회'로만 너무 국한되어 있지 않은가? 이는 예수님이 주신 생각이 아니며 하나님이 기뻐하시는 기도도 아니다. 자기만을 생각하는 이기적인 마음은 기도의 큰 장애물이다. 하나님의 뜻이 무엇인지를 알고 기도하고자 노력할 때 이 장애물을 극복할 수 있다.

둘째, 죄는 기도의 장애물이다.

『고대 나폴리의 왕인 오수나 페드로가 잡혀온 죄수들을 살펴보

고 있었다.

그중 한 죄수에게 "무엇 때문에 잡혀 왔냐?"라고 물었다.

"아무 죄도 짓지 않았는데 상대방의 고소로 억울하게 들어왔습니다."

페드로는 옆에 있는 죄수에게도 같은 질문을 했다.

"진짜 범인은 따로 있는데 그 자리에 있다가 억울하게 잡혔습니다."

페드로가 두 죄수에게 말했다.

"그러면 너희 둘 다 아무 죄도 없는데 잡혀 들어왔단 말이냐?"

두 죄수는 왕의 말이 맞는다며 억울함을 풀어달라고 호소했다. 덩달아 다른 죄수들도 왕에게 억울함을 호소했지만 그 와중에도 구석에 조용히 앉아만 있는 죄수가 있었다. 이를 이상하게 여긴 페드로가 그 죄수에게 같은 질문을 했다.

"저는 정말로 죄를 지었습니다. 작년에 일이 잘 안 풀려 사업이 망하고 몇 날 며칠을 굶었습니다. 저는 참을 수 있었지만 아내와 아이들이 굶는 것을 두고 볼 수 없어 빵을 훔치다가 잡혀서 들어왔습니다."

이 말을 들은 페드로는 신하들에게 이 죄수를 붙잡으라고 명했다.

"여기는 죄 없는 선량한 사람들만 있는 곳인데 어디 너 같이 죄 많은 놈이 왔느냐. 어서 이 자를 감옥 밖으로 꺼내줘라."

지혜로운 왕인 페드로는 이미 모든 것을 알고 있었기에 자비를 구하려면 죄에 솔직해야 했지만 눈앞의 이익에 어두운 죄수들은 그 사실을 몰랐고 단 한 사람만 용서받았다. 』

죄는 헬라어로 '하마르티아(Hamartia)'라고 한다.

'과녁을 빗나간 화살'이라는 뜻인데 우리 삶에 적용하면 하나님이 원하시는 대로 살지 못하고 엇나가는 모든 것이 죄라고 할 수 있다. 인간은 본래 죄가 없는 상태로 지음 받았다. 에덴동산에서 하나님의 말씀에 불순종함으로 죄가 시작되었고, 모든 사람이 죄인이 되었다. 죄의 결과로 하나님과 단절된 우리는 죽어 마땅한 삶을 살아가게 된 것이다.

> "여호와의 손이 짧아 구원치 못하심도 아니요 귀가 둔하여 듣지 못하심도 아니라 오직 너희 죄악이 너희와 너희 하나님 사이를 내었고 너희 죄가 그 얼굴을 가리워서 너희를 듣지 않으시게 함이니" – 이사야 59장 1,2절

> "내가 내 마음에 죄악을 품으면 주께서 듣지 아니하시리라" – 시편 66편 18절

마음에 죄를 품고 기도하면 하나님은 응답하시지 않는다. 아니, 응답하실 수 없다. 우리는 이 사실을 간과한 채 무작정 기도할 때가 많다. 먼저 우리의 죄를 회개하고 자백함으로 하나님의 용서를 받아야 한다. 부족한 자신을 고백하며 은혜를 구할 때 주님이 은총을 내려주신다. 모든 일의 성취와 기

도의 응답까지 막는 것이 바로 죄다. 주님 앞에 무릎 꿇고 먼저 지은 모든 죄들을 고백하며 회개하자.

셋째, 우상은 기도의 장애물이다.

세 번째 장애물은 우상이다.

우상에는 크게 두 가지 종류가 있다.

첫 번째 우상은 살아계신 하나님이 아닌 경배의 대상이다. 죽은 물건, 죽은 사람, 세상의 모든 것은 결국은 사라질 것이며 아무런 능력이 없다. 어리석은 사람은 눈에 보이는 것들을 섬김으로 마음의 안위를 얻으려 하지만 이 모든 것들은 그저 우상일 뿐이다.

> "저희 우상은 은과 금이요 사람의 수공물이라 입이 있어도 말하지 못하며 눈이 있어도 보지 못하며 귀가 있어도 듣지 못하며 코가 있어도 맡지 못하며 손이 있어도 만지지 못하며 발이 있어도 걷지 못하며 목구멍으로 소리도 못하느니라" – 시편 115편 4-7절

두 번째 우상은 하나님보다 더 사랑하는 모든 것이다.

말로는 하나님을 가장 사랑한다고 하지만 그 하나님을 만나는 일보다 더 좋아하고, 자주 하는 일이 있다면 그것이 바

로 우상이다. 아무리 사소한 일일지라도 하나님을 예배하고 찬양하고 기도하는 일보다 더 우선으로 놓는 것이 있다면 그 일이 바로 우상이다.

> "그러므로 땅에 있는 지체를 죽이라 곧 음란과 부정과 사욕과 악한 정욕과 탐심이니 탐심은 우상 숭배니라"-
> 골로새서 3장 5절

다른 사람보다 높은 자리가 우상이 될 수 있으며. 자녀의 성적에 대한 집착도 우상이 될 수 있다. 지나친 외모에 대한 집착도 우상이 되며, 경제적으로는 부(富)가 우상이 될 수 있다. 모든 능력, 모든 집착, 모든 생각이 우상이 될 수 있다. 우리의 마음이 어디에 쏠려 있는지 돌아볼 때 우리가 지금 어떤 것들을 우상으로 삼고 있는지 알 수 있다. 우상을 품고 있으면 기도 응답을 받을 수 없기 때문에 무엇보다 솔직해야 한다. 우상이 무엇인지 알면 돌이킬 수 있지만 우상이 분명한데도 인정하지 않으면 돌이킬 방법이 없다. 성경은 항상 먼저 우상을 멀리하고 하나님의 나라와 의를 구하라고 권면한다.

> "자녀들아 너희 자신을 지켜 우상에서 멀리하라"- 요한1서
> 5장 21절

섭기는 우상이 무엇인지 깨닫고 즉각 하나님께 돌아올 때 하나님은 우리의 기도를 들으시고 모든 필요를 채워주신다. 이는 단순한 우리의 바람이 아닌 분명한 하나님의 약속이다.

"그를 향하여 우리의 가진바 담대한 것이 이것이니 그의 뜻대로 무엇을 구하면 들으심이라" – 요한1서 5장 14절

넷째, 인색한 것은 기도의 장애물이다.

『주기철 목사님이 하루는 설교를 마치고 나오다가 구걸하는 거지를 만났다. 지갑을 살펴보니 딱 1원이 있었다. 지금으로 치면 만원 정도의 금액이었다. 거지한테 1원을 전부 주기가 아까웠던 목사님은 '10전 짜리가 있었으면 줬을 텐데…'라고 생각하며 자리를 떠났다.

하루 종일 '1원이라도 그냥 줄 걸'이라는 생각이 머릿속을 떠나지 않았지만 다시 돌아갈 수도 없는 노릇이었다. 집에 도착한 목사님은 주머니가 비어있는 것을 확인하고는 깜짝 놀랐다. 차를 타고 오는 동안 소매치기를 당했던 것이다. "어차피 도둑맞을 1원이라면 차라리 거지에게 줄걸"하는 후회가 밀려왔다.

목사님은 이후로는 거지를 만날 때마다 주머니에 얼마가 있든 전부 적선하며 구제에 힘을 쓰셨다.』

하나님이 우리에게 축복을 주신 이유는 낮은 곳으로 흘려 보내기 위해서다. 하나님의 말씀대로 하나님이 주신 것을 사용하지 않는다면 아무리 열심히 기도해도 발전이 더딜 것이다.

> "네 손이 선을 베풀 힘이 있거든 마땅히 받을 자에게 베 풀기를 아끼지 말며" – 잠언 3:27

하나님은 인색한 사람의 기도를 듣지 않으신다. 눈에 보이는 이웃을 사랑하지 못하는데 어떻게 보이지 않는 하나님을 사랑할 수 있겠는가? 하나님은 주신 은혜를 힘써 베풂으로 사랑을 실천하는 사람의 기도를 들어주신다.

> "주라 그리하면 너희에게 줄 것이니 곧 후히 되어 누르고 흔들어 넘치도록 하여 너희에게 안겨 주리라 너희의 헤아리는 그 헤아림으로 너희도 헤아림을 도로 받을 것이니라" – 누가복음 6:38

다섯째, 잘못된 부부관계는 기도의 장애물이다.

『여론조사 기관인 갤럽에서 '남편과 아내가 생각하는 서로의 결점'에 대해서 조사한 적이 있다. 그중 가장 많이 나온 10가지다.

♥ 남편들이 뽑은 아내들의 결점 10가지

1. 심한 잔소리

2. 사치

3. 서툰 살림

4. 잦은 사교생활

5. 지나친 잡담

6. 이기적인 모습

7. 가정보다 외부에 신경 쓰는 모습

8. 건방지고 잘난 척하는 태도

9. 단정하지 못한 몸가짐

10. 다른 남자에 대한 관심

♥ 아내들이 뽑은 남편들의 결점 10가지

1. 지나친 음주

2. 사소한 것에 대한 무관심

3. 이기적인 모습

4. 자기만 옳다고 주장하는 것

5. 고집불통인 모습

6. 가정에 대한 무관심

7. 가족에 대한 예의 없는 모습

8. 도박과 흡연

9. 언행의 불일치

10. 사랑의 결핍 』

하나님은 남편과 아내를 통해 가정을 이루게 하셨다. 가정은 하나님이 세우신 작은 천국이지만 부부 관계가 틀어지면 오히려 영적 생활에 장애물이 된다.

> "남편 된 자들아 이와 같이 지식을 따라 너희 아내와 동거하고 저는 더 연약한 그릇이요 또 생명의 은혜를 유업으로 함께 받을 자로 알아 귀히 여기라 이는 너희 기도가 막히지 아니하게 하려 함이라" – 베드로전서 3:7

사람은 누구나 단점과 장점을 함께 가지고 있다.

상대방의 결점이 10가지 있다면 장점도 10가지가 있는데 대부분 문제가 있는 부부들은 결점만 바라보고 장점에는 눈을 닫는다.

장점보다 단점을 먼저 보면 진정한 사랑을 할 수 없다. 결혼 생활에 문제가 생기는 이유는 사랑과 존경심이 부족하기 때문이다.

기도에 응답받는 그리스도인이 되려면 먼저는 부부관계, 다음으로는 인간관계가 원활해야 한다. 우리의 죄를 버리고 하나님과의 관계가 바로 설 때 사람과의 관계도 바로 세울 수 있다. "다른 사람의 허물을 용서하고 대접받고자 하는 대로 먼저 대접하라"라는 주님의 말씀을 다른 사람이 아닌 가장 가까운 부부 사이에서 먼저 실천해야 한다.

"비판을 받지 아니하려거든 비판하지 말라 너희의 비판 하는 그 비판으로 너희가 비판을 받을 것이요 너희의 헤 아리는 그 헤아림으로 너희가 헤아림을 받을 것이니라 어찌하여 형제의 눈속에 있는 티는 보고 네 눈속에 있는 들보는 깨닫지 못하느냐 보라 네 눈속에 들보가 있는데 어찌하여 형제에게 말하기를 나로 네 눈속에 있는 티를 빼게 하라 하겠느냐 외식하는 자여 먼저 네 눈속에서 들 보를 빼어라 그 후에야 밝히 보고 형제의 눈속에서 티를 빼리라" – 마태복음 7:1-5

"그러므로 무엇이든지 남에게 대접을 받고자 하는대로 너희도 남을 대접하라 이것이 율법이요 선지자니라"

– 마태복음 7:12

결론

기도는 신앙생활에 있어 절대적으로 중요한 요소이며 한 순간도 놓지 말아야 할 호흡이다. 기도가 이처럼 중요하기 때문에 마귀는 여러 간교로 우리를 방해한다. 이 장애물을 극복하지 못하면 우리의 기도는 응답받지 못해 실의에 빠지 고 신앙은 퇴보한다. 정욕과 이기적인 마음, 모르고 있는 죄, 우상 숭배, 인색한 삶, 잘못된 인간관계, 이 모든 것이 기도의 장애물이다.

　기도는 단순히 하나님께 마음을 드리는 행위가 아니다.
　말씀을 따라 살아가며 하나님이 창조하신 원리를 따라 삶
을 회복하는 모든 과정이 진정한 기도의 과정이다. 어렵고
힘들어도 하나님이 주시는 힘으로 한 걸음씩 장애물들을 극
복해 나간다면 기도하는 우리의 마음에 하나님이 주시는 기
쁨과 평안이 더없이 뜨겁게 느껴질 것이다. 하나님이 바라시
는 모양대로 삶을 회복시키며 풍성한 응답을 누리는 기도 생
활을 절대로 포기하지 말자.

5. 느헤미야의 눈물의 기도

"하가랴의 아들 느헤미야의 말이라 아닥사스다왕 제 이십년 기슬
르월에 내가 수산궁에 있더니 나의 한 형제 중 하나니가 두어 사람
과 함께 유다에서 이르렀기로 내가 그 사로잡힘을 면하고 남아 있
는 유다 사람과 예루살렘 형편을 물은즉 저희가 내게 이르되 사로
잡힘을 면하고 남은 자가 그 도에서 큰 환난을 만나고 능욕을 받으
며 예루살렘성은 훼파되고 성문들은 소화되었다 하는지라 내가 이
말을 듣고 앉아서 울고 수일 동안 슬퍼하며 하늘의 하나님 앞에 금
식하며 기도하여 가로되 하늘의 하나님 여호와 크고 두려우신 하나
님이여 주를 사랑하고 주의 계명을 지키는 자에게 언약을 지키시며
긍휼을 베푸시는 주여 간구하나이다 이제 종이 주의 종 이스라엘
자손을 위하여 주야로 기도하오며 이스라엘 자손의 주 앞에 범죄함
을 자복하오니 주는 귀를 기울이시며 눈을 여시사 종의 기도를 들
으시옵소서 나와 나의 아비 집이 범죄하여" – 느헤미야 1:1-6

서론

사랑은 아무리 커도 지나치다고 표현하지 않는다.

기도도 마찬가지다. 기도는 아무리 많이 한다 해도 결코
지나치지 않다. 성경에 나오는 모든 기적들도 기도가 이룬

것이며 기도 없이는 하나도 이루어진 것이 없다.

다니엘은 기도를 통해 사자의 입을 막았고, 한나는 기도함으로 사무엘을 얻었다. 엘리야는 기도를 통해 이스라엘에 3년 6개월 동안 비가 오지 않게 했으며, 베드로는 기도의 힘으로 감옥에서 풀려났다. 예수님이 유혹에 흔들리지 않고 십자가의 사명을 완수할 수 있었던 것도 바로 기도 때문이었다.

하나님께 쓰임 받는 믿음의 위인들은 하나같이 기도의 사람들이었다. 역사학자 토마스 칼라일은 "기도는 사람의 마음속 가장 깊은 곳에 태초부터 깃들어 있던 사이렌"이라고 말했으며 러시아의 대문호 톨스토이는 "기도를 마치고 잠자리에 들 때 마음이 가벼워지고 기쁨이 넘친다"라고 고백했다.

기도는 마음의 괴로움을 덜어주고, 기쁨이 가득한 바른길로 인도하며, 영혼을 정결하게 가꾸어 예수님의 향기를 머물게 한다. 우리도 기도를 통해 동일한 기쁨을 얻을 수 있고, 동일한 능력을 경험할 수 있다.

느헤미야는 눈물의 기도로 예루살렘을 재건한 기도의 사람이다. 느헤미야는 예루살렘 성이 불에 타서 무너졌고, 이스라엘 백성들은 주변 강대국들에게 수모를 당하고 있다는 소식을 듣고 눈물로 기도했다. 수많은 어려움과 방해로 사람은 도저히 할 수 없는 예루살렘 성벽의 재건을 느헤미야는 오직 기도로 하나님의 도우심을 받아 이루었다. 기도로 불가능한 일을 가능케 한 느헤미야를 통해 기도의 다섯 가지 자세를 배울 수 있다.

첫째, 느헤미야는 슬피 울며 기도했다.

> "내가 이 말을 듣고 앉아서 울고 수일 동안 슬퍼하며 하늘의 하나님 앞에 금식하며 기도하여" – 느헤미야 1장 4절

사람은 눈물에 약하다.

남편은 아내의 눈물에 마음이 약해지고, 부모는 자녀의 눈물에 약해지듯이 진심이 담긴 눈물은 하나님도 감동시킨다. 간절한 마음으로 눈물을 흘리며 드리는 기도에 하나님은 응답해 주신다. 예수님도 나사로가 죽었다는 말을 들으시고는 슬피 울며 하나님께 기도를 드렸다.

> "예수께서 그의 우는 것과 또 함께 온 유대인들의 우는 것을 보시고 심령에 통분히 여기시고 민망히 여기사 가라사대 그를 어디 두었느냐 가로되 주여 와서 보옵소서

하니 예수께서 눈물을 흘리시더라"– 요한복음 11장 33–35절

눈물의 골짜기를 지나야 하나님 품에 이를 수 있다. 마음의 어렵고 힘든 일들을 있는 그대로 주님께 털어놓아야 한다. 고난을 당하며 낙심할 때마다 눈물로 하나님께 간구하면 하나님은 우리의 기도를 들으시고, 위로하시며, 응답해 주신다.

둘째, 느헤미야는 여러 일을 주야로 기도했다.

"내가 이 말을 듣고 앉아서 울고 수일 동안 슬퍼하며 하늘의 하나님 앞에 금식하며 기도하여 가로되 하늘의 하나님 여호와 크고 두려우신 하나님이여 주를 사랑하고 주의 계명을 지키는 자에게 언약을 지키시며 긍휼을 베푸시는 주여 간구하나이다 이제 종이 주의 종 이스라엘 자손을 위하여 주야로 기도하오며 이스라엘 자손의 주 앞에 범죄함을 자복하오니 주는 귀를 기울이시며 눈을 여시사 종의 기도를 들으시옵소서 나와 나의 아비 집이 범죄하여"– 느헤미야 1장 4–6절

느헤미야의 기도는 하루 만에 끝난 단발성 기도가 아니었다. 고국이 당하는 수치와 어려움은 느헤미야의 마음을 정말

로 슬프게 했다. 수일 동안 밤낮없이 하나님께 기도한 느헤미야의 정성을 보고 하나님은 마음을 움직이셨다. 하나님은 간절한 마음으로 끊임없이 강하게 요청하는 기도에 마음을 움직이신다.

"기도를 항상 힘쓰고 기도에 감사함으로 깨어 있으라"
– 골로새서 4:2

마귀는 다른 무엇보다도 기도를 최우선으로 방해한다. 하나님께 즉각 기도 응답을 받았던 다니엘도 사탄의 방해가 극심할 때는 3주나 지나서 응답을 받았다. 하나님의 응답을 확신한다 하더라도 직접 응답을 받을 때까지 우리는 느헤미야처럼 주야로 밤낮없이 기도로 하나님께 매달려야 한다.

"그가 내게 이르되 다니엘아 두려워하지 말라 네가 깨달으려 하여 네 하나님 앞에 스스로 겸비케 하기로 결심하던 첫날부터 네 말이 들으신바 되었으므로 내가 네 말로 인하여 왔느니라 그런데 바사 국군이 이십 일일 동안 나를 막았으므로 내가 거기 바사국 왕들과 함께 머물러 있더니 군장 중 하나 미가엘이 와서 나를 도와주므로 이제 내가 말일에 네 백성의 당할 일을 네게 깨닫게 하러 왔노라 대저 이 이상은 오래 후의 일이니라" – 다니엘 10장 12–14절

셋째, 느헤미야는 금식하며 기도했다.

"내가 이 말을 듣고 앉아서 울고 수일 동안 슬퍼하며 하늘의 하나님 앞에 금식하며 기도하여" – 느헤미야 1:4

느헤미야는 기도의 응답을 위해 금식까지 하며 기도에만 전념했다. 금식 기도에서 중요한 것은 식사의 유무가 아닌 식음을 전폐하고 기도에만 매달릴 정도로 간절한 마음이 있는가이다. 이런 간절한 마음으로 금식 기도를 하는 사람의 기도는 하나님이 응답해 주신다.

성경에는 많은 종류의 금식 기도가 나온다.

금식을 안 한다고 하나님이 기도를 안 들어주시는 것은 아니지만 하나님의 도우심 외에는 어떤 길도 없을 때 우리는 오로지 기도에만 전념하게 된다.

애통한 일이 있을 때(시 35:13), 하나님의 도우심을 구할 때(에 4:16), 죄를 회개할 때(단 9:3-19), 계시를 받거나 전할 때(마 4:4), 지도자를 택할 때(행 14:23) 성경의 위인들은 금식하며 기도에만 매달렸다. 이처럼 모든 것을 잊고 주님께만 집중할 정도로 간절한 소망이 있을 때 금식하며 하나님께 매달려야 한다.

"여호와의 말씀에 너희는 이제라도 금식하며 울며 애통하

고 마음을 다하여 내게로 돌아오라 하셨나니"– 요엘 2:12

넷째, 느헤미야는 회개하며 기도했다.

"주를 향하여 심히 악을 행하여 주의 종 모세에게 주께서 명하신 계명과 율례와 규례를 지키지 아니하였나이다 옛적에 주께서 주의 종 모세에게 명하여 가라사대 만일 너희가 범죄하면 내가 너희를 열국 중에 흩을 것이요"– 느헤미야 1장 7,8절

느헤미야의 기도는 자신의 문제를 넘어 민족의 죄에 대한 회개의 기도였다. 이스라엘 민족이 당한 수치의 진짜 원인은 하나님을 멀리한 죄 때문이었다. 느헤미야는 죄가 먼저 해결되어야 하나님께 기도할 수 있다는 기도 응답의 원리를 깨닫고 있었다.

죄를 고백하며 다시 돌아가고자 하는 회개의 마음이 없는 기도는 아무리 간절하고, 애통해도 하나님이 들어주시지 않는다. 기도 응답을 위해 우리는 먼저 죄를 회개하고 마음을 주님께로 돌이켜야 한다.

자신의 불쌍한 처지를 알고 겸손하게 기도했던 세리는 응답을 받았지만 교만하고 외식하는 바리새인의 기도는 응답받지 못했다. 기도는 열심히, 간절히 하는 것도 중요하지만

먼저 죄를 회개하며 하나님께로 돌아가야 응답을 받을 수 있다.

> "내가 내 마음에 죄악을 품으면 주께서 듣지 아니하시리라" – 시편 66:18

다섯째, 느헤미야는 믿음으로 기도했다.

> "옛적에 주께서 주의 종 모세에게 명하여 가라사대 만일 너희가 범죄하면 내가 너희를 열국 중에 흩을 것이요 만일 내게로 돌아와서 내 계명을 지켜 행하면 너희 쫓긴 자가 하늘 끝에 있을찌라도 내가 거기서부터 모아 내 이름을 두려고 택한 곳에 돌아오게 하리라 하신 말씀을 이제 청컨대 기억하옵소서" – 느헤미야 1장 8,9절

느헤미야는 철저히 하나님이 약속하신 말씀에 근거해서 간구했다. 느헤미야 본인의 소망이 아닌 하나님이 직접 하신 약속을 통해 기도했기 때문에 하나님은 느헤미야의 기도를 들어주실 수밖에 없었다. 우리가 주님의 말씀을 믿으며, 그 말씀대로 행동하며, 믿음으로 구하는 기도를 드리면 하나님은 무조건 응답하시겠다고 분명하게 약속하셨다.

"오직 믿음으로 구하고 조금도 의심하지 말라 의심하는 자는 마치 바람에 밀려 요동하는 바다 물결 같으니 이런 사람은 무엇이든지 주께 얻기를 생각하지 말라"- 야고보서 1:6,7

하나님은 자신의 이름과 영광을 위해 드리는 기도에는 응답해 주시지만 믿음이 없는 기도에는 절대로 응답하시지 않는다. 전능하신 하나님을 믿지 않는데 어떻게 하나님이 그 기도를 이루어주실 수 있겠는가? 이는 절대로 불가능한 일이다. 믿음으로 기도할 때만 놀라운 응답을 받을 수 있다.

모세와 아브라함은 믿음의 기도로 큰일을 해냈고, 야곱과 엘리야도 기도로 기적을 경험했다. 바울과 베드로도 기도로 믿을 수 없는 일들을 해냈으며, 오늘날에도 동일한 기도를 드릴 때 세상을 변화시킬 수 있는 놀라운 일들을 해낼 수 있다. 오직 하나님을 향한 온전한 믿음의 기도로만 가능한 일이다.

결론

느헤미야는 아무 불만 없는 풍족한 삶을 누리고 있었다. 고국 예루살렘 성이 황폐화되고 갈 곳 없는 백성들이 다른 민족들에게 능욕을 당하고 있다는 소식이 성공 대로를 달리던 느헤미야의 마음을 슬픔으로 채웠다.

자기 자신의 삶은 아무런 문제가 없었지만 조국과 동포의 어려움으로 느헤미야는 몇 날 며칠을 슬픔으로 기도했다. 금식까지 하며 모든 문제를 해결해 주실 수 있는 유일한 전능자 하나님만 오로지 붙들었으며 자신의 위험을 불사하면서도 조국을 위해 할 수 있는 모든 일을 했다. 기도를 통해 자신과 민족이 지은 죄를 회개하며, 하나님의 약속의 말씀을 붙잡고 간구하자 하나님은 느헤미야의 기도를 들어주셨고, 예루살렘 성은 52일 만에 재건되며 백성들이 회심하는 하나님의 역사가 일어났다.

기도는 우리가 할 수 없는 놀라운 일을 하나님의 힘을 통해 이루는 기적의 발판이다. 느헤미야처럼 눈물과 진실함으로 하나님께 기도하자. 기도를 통해 하나님의 역사하심을 경험하자.

6. 엘리야의 능력의 기도

"엘리야가 아합에게 이르되 올라가서 먹고 마시소서 큰 비의 소리가 있나이다 아합이 먹고 마시러 올라가니라 엘리야가 갈멜산 꼭대기로 올라가서 땅에 꿇어엎드려 그 얼굴을 무릎 사이에 넣고 그 사환에게 이르되 올라가 바다편을 바라보라 저가 올라가 바라보고 고하되 아무것도 없나이다 가로되 일곱번까지 다시 가라 일곱번째 이르러서는 저가 고하되 바다에서 사람의 손만한 작은 구름이 일어나나이다 가로되 올라가 아합에게 고하기를 비에 막히지 아니하도록 마차를 갖추고 내려가소서 하라 하니라 조금 후에 구름과 바람이 일어나서 하늘이 캄캄하여지며 큰 비가 내리는지라 아합이 마차를 타고 이스르엘로 가니 여호와의 능력이 엘리야에게 임하매 저가 허리를 동이고 이스르엘로 들어가는 곳까지 아합 앞에서 달려갔더라" – 열왕기상 18장 41–46절

서 론

『엘리사 호프만 목사님이 하루는 주님의 감동을 따라 한 성도에게 심방을 갔다. 여인은 목사님에게 자신의 불행을 낱낱이 털어놓으며 눈물을 흘렸다.

"목사님, 저는 이제 도대체 어떻게 해야 합니까?

어떻게 살아야 합니까?"

목사님은 아무리 생각해도 해결 방도가 생각나지 않았다. 그러나 분명히 오늘 이곳으로 심방을 보내신 이유가 있을 것이라 생각하고 조용히 묵상한 후에 여인의 질문에 대답했다.

"예수님께 아뢰십시오. 그 방법보다 더 좋은 방법은 없습니다."

한동안 말없이 눈을 감고 있던 여인은 갑자기 환희에 찬 표정으로 말했다.

"그 방법이 있었군요. 예, 주님께 아뢰겠습니다."

심방을 마치고 돌아온 목사님은 그 여인의 마지막 대답이 잊히지 않았다. 즉석에서 여인의 대답을 묵상하며 작사와 작곡을 했는데 이렇게 탄생한 노래가 찬송가 363장인 '내 모든 시험 무거운 짐을'이다.

내 모든 시험 무거운 짐을 주 예수 앞에 아뢰이면
근심에 싸인 날 돌아보사 내 근심 모두 맡으시네

내 모든 괴롬 닥치는 환난 주 예수 앞에 아뢰이면
주께서 친히 날 구해주사 넓으신 사랑 베푸시네

내 짐이 점점 무거워질 때 주 예수 앞에 아뢰이면
주께서 친히 날 구해주사 내 대신 짐을 져주시네
무거운 짐을 나 홀로 지고 견디지 못해 쓰러질 때
불쌍히 여겨 구원해 줄 이 은혜의 주님 오직 예수』

기도는 우리의 모든 짐을 덜어주는 유일한 무기이자 고귀한 특권이다. 찬송가 363장의 가사는 기도의 특권을 체험한 모든 그리스도인의 고백과 마찬가지다. 또한 기도는 우리의 짐을 덜어 줄 뿐만 아니라 큰 능력이 된다.

"아무 것도 염려하지 말고 오직 모든 일에 기도와 간구로, 너희 구할 것을 감사함으로 하나님께 아뢰라 그리하면 모든 지각에 뛰어난 하나님의 평강이 그리스도 예수 안에서 너희 마음과 생각을 지키시리라" – 빌립보서 4장 6-7절

"항상 기뻐하라 쉬지 말고 기도하라 범사에 감사하라 이는 그리스도 예수 안에서 너희를 향하신 하나님의 뜻이니라" – 데살로니가전서 5장 16-18절

갈멜산에서 벌어진 바알의 선지자들과의 싸움에서 크게 승리한 엘리야는 하나님의 능력을 힘입어 예언의 기도를 했다. 엘리야는 기도를 통해 살아갔고, 기도를 통해 하나님의 능력을 힘입었다. 기도를 통해 셀 수 없이 많은 이적을 행했던 엘리야를 통해 우리는 능력 있는 기도의 네 가지 비결이 무엇인지 배워야 한다.

첫째, 능력 있는 기도는 믿음에서 나온다.

"엘리야가 아합에게 이르되 올라가서 먹고 마시소서 큰

비의 소리가 있나이다" – 열왕기상 18장 41절

이미 오랜 가뭄이 이어져 왔었고 하늘에도 비가 올 기미가 전혀 없었다. 엘리야는 눈에 보이는 현상과는 상관없이 하나님이 말씀하셨기에 비가 곧 오리라고 믿었다. 눈에는 구름 한 점 보이지 않았고 이미 사환을 보내 여섯 번을 확인했지만, 하나님의 응답을 통해 비가 올 것이라고 확신했기에 담대하게 비가 온다는 사실을 믿고 선포했다. 하나님을 전심으로 믿었기에 엘리야는 이렇게 행동할 수 있었다.

"믿음은 바라는 것들의 실상이요 보지 못하는 것들의 증거니 선진들이 이로써 증거를 얻었느니라" – 히브리서 11장 1,2절

"가라사대 너희 믿음이 적은 연고니라 진실로 너희에게 이르노니 너희가 만일 믿음이 한 겨자씨만큼만 있으면 이 산을 명하여 여기서 저기로 옮기라 하여도 옮길 것이요 또 너희가 못할 것이 없으리라" – 마태복음 17장 20절

위 말씀처럼 믿음으로 기도할 때 하나님께서는 우리에게 능력을 부어주시고, 모든 필요를 채워주신다. 이 믿음의 근거는 우리의 욕정이나 바람이 아닌 하나님의 말씀을 향한 믿음이어야 한다. 하나님의 말씀을 근거로 기도하는 것이 믿음의 기도지 말씀에 근거하지 않고 우리의 감정과 생각에 의지하는 기도는 믿음의 기도가 아니며 응답도 일어나지 않는다.

하나님의 말씀은 종이에 기록된 단순한 글이 아니다. 온 세상을 창조하신 능력이 깃든 생명의 말씀이다. 이 말씀을 믿음으로 아벨은 가인보다 더 나은 제사를 드렸고 에녹은 죽음을 보지 않았다. 노아는 하나님의 말씀을 믿음으로 방주를 지었고, 아브라함은 믿음으로 모든 말씀에 순종했으며, 모세는 한 나라를 상대로 출애굽의 대업을 완성했다.

"그러므로 믿음은 들음에서 나며 들음은 그리스도의 말씀으로 말미암았느니라"– 로마서 10장 17절

둘째, 능력 있는 기도는 겸손에서 나온다.

"아합이 먹고 마시러 올라가니라 엘리야가 갈멜산 꼭대기로 올라가서 땅에 꿇어엎드려 그 얼굴을 무릎 사이에 넣고"– 열왕기상 18장 42절

엘리야의 기도는 누구보다 겸손한 기도였다. 엘리야는 무릎 사이에 얼굴이 들어갈 정도로 겸손한 자세로 기도했다. 누구보다 큰 이적을 행하고, 담대한 승리를 많이 경험했던 선지자였지만 엘리야는 자신이 단순한 도구라는 사실을 잊지 않았다. 엘리야의 이런 겸손한 마음을 아셨기에 하나님은 엘리야의 기도를 들으시고 엘리야를 통해 놀라운 이적들을 행하셨다.

"또 자기를 의롭다고 믿고 다른 사람을 멸시하는 자들에게 이 비유로 말씀하시되 두 사람이 기도하러 성전에 올라가니 하나는 바리새인이요 하나는 세리라 바리새인은 서서 따로 기도하여 가로되 하나님이여 나는 다른 사람들 곧 토색, 불의, 간음을 하는 자들과 같지 아니하고 이 세리와도 같지 아니함을 감사하나이다 나는 이레에 두번씩 금식하고 또 소득의 십일조를 드리나이다 하고 세리는 멀리 서서 감히 눈을 들어 하늘을 우러러 보지도 못하고 다만 가슴을 치며 가로되 하나님이여 불쌍히 여기옵소서 나는 죄인이로소이다 하였느니라 내가 너희에게 이르노니 이 사람이 저보다 의롭다 하심을 받고 집에 내려 갔느니라 무릇 자기를 높이는 자는 낮아지고 자기를 낮추는 자는 높아지리라 하시니라"–누가복음 18장 9–14절

하나님은 능력 있는 사람을 찾지 않는다. 다만 겸손하게 기도하며 하나님의 능력을 구하는 사람을 찾으신다. 그렇기 때문에 성경은 수차례 우리에게 능력보다 겸손할 것을 강조한다.

"나의 하나님은 여호와이시다"라는 뜻의 이름처럼 엘리야는 하나님과 동행하며 죽음을 보지 않고 천국에 갔지만 그럼에도 끝까지 겸손했다. 만왕의 왕께 우리의 마음을 아뢴다는 마음으로 주님 앞에 엘리야처럼 겸손하게 기도를 드릴 때 주님은 우리의 기도에 응답하신다.

"형제들아 너희를 부르심을 보라 육체를 따라 지혜 있는 자가 많지 아니하며 능한 자가 많지 아니하며 문벌 좋은 자가 많지 아니하도다 그러나 하나님께서 세상의 미련한 것들을 택하사 지혜 있는 자들을 부끄럽게 하려 하시고 세상의 약한 것들을 택하사 강한 것들을 부끄럽게 하려 하시며 하나님께서 세상의 천한 것들과 멸시 받는 것들과 없는 것들을 택하사 있는 것들을 폐하려 하시나니 이는 아무 육체라도 하나님 앞에서 자랑하지 못하게 하려 하심이라"- 고린도전서 1장 26-29절

셋째, 능력 있는 기도는 정확한 요청에서 나온다.

"그 사환에게 이르되 올라가 바다편을 바라보라 저가 올라가 바라보고 고하되 아무것도 없나이다 가로되 일곱번까지 다시 가라 일곱번째 이르러서는 저가 고하되 바다에서 사람의 손만한 작은 구름이 일어나나이다 가로되 올라가 아합에게 고하기를 비에 막히지 아니하도록 마차를 갖추고 내려가소서 하라 하니라 조금 후에 구름과 바람이 일어나서 하늘이 캄캄하여지며 큰 비가 내리는지라 아합이 마차를 타고 이스르엘로 가니"- 열왕기상 18장 43-45절

엘리야는 손바닥만한 구름을 보고도 비가 오리라고 확신했다. 실제로 비가 오지 않았음에도 올 것이라는 믿음으로 엘리야는 구체적으로 아합을 찾아가 비가 올 때를 대비해 행동하라는 말을 전한다.

하나님께 막연하게 간구하면, 하나님도 막연하게 응답하신다. 우리가 하나님께 정확하게 요청하면, 하나님도 정확하게 응답하신다.

우리는 하나님께 어떤 기도를 드리고 있는가?

그 기도가 응답된 것처럼 믿음으로 행동하고 있는가?

이루어지리라고 믿는다면서도 행동이 아닌 말에서 그치는 기도는 스스로를 속이는 행위이다. 구하는 것을 구체적으로 정확히 드리는 기도가 빠르고 능력 있는 응답을 부른다.

> "엘리야는 우리와 성정이 같은 사람이로되 저가 비 오지 않기를 간절히 기도한즉 삼년 육개월 동안 땅에 비가 아니오고 다시 기도한즉 하늘이 비를 주고 땅이 열매를 내었느니라" – 야고보서 5장 17,18절

넷째, 능력 있는 기도는 올바른 관계에서 나온다.

> "여호와의 손이 짧아 구원치 못하심도 아니요 귀가 둔하여 듣지 못하심도 아니라 오직 너희 죄악이 너희와 너희 하나님 사이를 내었고 너희 죄가 그 얼굴을 가리워서

너희를 듣지 않으시게 함이니"- 이사야 59장 1,2절

하나님을 사랑하고 섬긴다고 고백하면서 사람을 막 대하는 사람과 사람을 돕고 챙기지만 하나님을 믿지 않는 사람 중 누가 더 나은 삶을 사는 것일까? 사람마다 의견이 다르겠지만 두 사람 다 잘못된 삶을 살고 있으며, 기도에 응답받지 못한다는 결과는 똑같다. 하나님께 기도 응답을 받기 위해서는 두 가지 관계를 올바로 정립해야 한다.

(1) 하나님과 올바른 관계를 유지해야 한다.

"너희가 욕심을 내어도 얻지 못하고 살인하며 시기하여도 능히 취하지 못하나니 너희가 다투고 싸우는도다 너희가 얻지 못함은 구하지 아니함이요 구하여도 받지 못함은 정욕으로 쓰려고 잘못 구함이니라"- 야고보서 4장 2,3절

우리가 제아무리 열심히, 간절하게, 겸손하고 정확하게 기도해도 하나님과의 관계가 올바르지 않다면 기도는 결코 응답받을 수 없다. 하나님과의 관계가 좋지 않고, 하나님의 말씀을 지키지도 않으면서 하나님께 기도를 이루어달라고 기도할 수 있는가? 기도의 주체이신 하나님과의 올바른 관계가 선행되어야 한다.

(2) 사람들과 올바른 관계를 유지해야 한다.

"옛 사람에게 말한바 살인치 말라 누구든지 살인하면 심판을 받게 되리라 하였다는 것을 너희가 들었으나 나는 너희에게 이르노니 형제에게 노하는 자마다 심판을 받게 되고 형제를 대하여 라가라 하는 자는 공회에 잡히게 되고 미련한 놈이라 하는 자는 지옥 불에 들어가게 되리라 그러므로 예물을 제단에 드리다가 거기서 네 형제에게 원망 들을만한 일이 있는줄 생각나거든 예물을 제단 앞에 두고 먼저 가서 형제와 화목하고 그 후에 와서 예물을 드리라 너를 송사하는 자와 함께 길에 있을 때에 급히 사화하라 그 송사하는 자가 너를 재판관에게 내어주고 재판관이 관예에게 내어주어 옥에 가둘까 염려하라 진실로 네게 이르노니 네가 호리라도 남김이 없이 다 갚기 전에는 결단코 거기서 나오지 못하리라"– 마태복음 5장 21–26절

참된 그리스도인들은 하나님뿐 아니라 사람들 앞에서도 인정과 존경을 받는다. 올바른 그리스도인은 삶을 통해 복음을 전하고 하나님의 살아계심을 세상에 보여주는 사람들이다. 이런 올바른 관계를 사람들과 유지하며 기도할 때 하나님은 기쁘게 우리의 기도를 들으시고 응답해 주신다.

사람들과의 관계로 하나님께 영광을 돌리지 못하는 사람은 하나님께서 받지 않으신다. 하나님의 말씀을 지키려면 형

제를 용서하고 구제에 힘을 내며 되도록 모든 사람을 사랑해야 한다. 하나님을 믿으며, 말씀대로 선한 행실을 도모하는 사람의 기도를 하나님은 응답하신다.

결론

엘리야는 구약에서 가장 큰 능력을 행했던 선지자다. 엘리야는 갈멜산에서 850명의 바알을 섬기는 선지자들과의 싸움에서 승리했고, 까마귀가 가져다주는 음식을 먹으면서 생활했다. 엘리야의 기도로 이스라엘에는 3년 6개월이나 비가 오지 않았고, 다시 엘리야의 기도로 비가 쏟아졌다. 엘리야는 이 모든 능력을 하나님께 기도로 구했다.

엘리야처럼 능력 있는 기도의 응답을 받기 위해서는 엘리야처럼 믿음으로, 무릎을 꿇고 겸손한 마음으로, 정확하게 구체적으로 기도해야 한다. 눈을 감고 막연하게 부르짖지 말고 하나님 그리고 사람과의 바른 관계를 위해서도 노력해야 한다.

3

기도에 대한
성경공부

1. 기도의 의미와 기도하는 방법

1. 기도의 의미

(1) 우리는 기도를 무엇이라고 생각하는가?

(2) 기도에 대한 우리의 생각을 적어보자.

수많은 그리스도인이 나름대로 기도에 대해 정의를 내렸지만 기도는 한마디로 정의할 수 없다. 기도는 다양한 정의를 통해 의미를 폭넓게 이해할 수 있다.

기도의 다양한 정의는 다음과 같다.
- 기도는 하나님과의 대화다.
- 기도는 하나님께 드리는 간구다.
- 기도는 영혼의 호흡이다.
- 기도는 그리스도인의 생명줄이다.

기도에는 이처럼 다양한 표현이 있다.

표현은 서로 다르지만 가장 중요한 것은 하나같이 중요성을 나타내고 있다는 사실이다. 그리스도인은 기도가 없이는 결코 살아갈 수 없다.

2. 기도의 필요성

우리는 일반적으로 어떤 경우에, 그리고 무엇 때문에 하나님께 기도하는가? 우리에게 기도가 필요한 이유는 대체적으로 다음과 같다.

(1) 연약한 인간이기 때문에 기도가 필요하다.

세상을 살다 보면 우리 힘으로 도저히 극복할 수 없는 문제들과 직면하게 된다. 자기 힘으로 어쩔 수 없는 문제를 만날 때 사람은 무기력해지지만 그리스도인은 최악의 상황에서도 극복할 수 있는 기도라는 방법이 있다.

다음 성경 구절을 찾아 하나님의 쓰임 받았던 사람들은 어떤 상황에서 기도했고, 그 결과가 어떻게 나타났는지 살펴보자.

- 출애굽기 15장 22-26절

- 사무엘상 1장 1-20절

- 열왕기하 20장 1-11절

- 요나 2장 1-10절

- 마가복음 9장 14-29절

우리의 연약한 부분을 하나님께 기도하면 하나님은 능력의 손으로 우리의 어려움을 친히 해결해 주신다.

(2) 예수님에게도 기도가 필요하셨기에 우리에게도 필요하다.

예수님이 어떤 상황에서 기도하셨는지 다음의 구절을 살펴보자.

- 누가복음 3장 21절

- 누가복음 6장 12, 13절

- 요한복음 6장 11절

- 마태복음 26장 36-44절

예수님은 하나님과 동일한 주님이시다(요 10:20).

하나님과 동등한 위치에 계신 주님이셨지만 중요한 일이 있을 때마다 하나님께 기도함으로 모든 일을 이루어가셨다. 만왕의 왕이신 예수님도 기도가 필요했다면 피조물인 우리에게는 더욱더 간절히 기도가 필요할 것이다.

(3) 기도는 승리하는 신앙생활을 위해서 필요하다.

바울은 승리하는 그리스도인이 되기 위해서는 전신갑주를 둘러야 한다고 했다. 그 전신갑주를 취하는 방법과 활용하는 방법이 무엇인지 다음 성경 구절들을 통해 살펴보자.

● 에베소서 6장 10-17절

● 에베소서 6장 18절

예수님은 기도의 필요성에 대해 어떻게 말씀하셨는가?

● 누가복음 18장 1절

● 마태복음 7장 7절

사도 바울은 기도가 왜 하나님의 뜻이라고 말했는가?
● 데살로니가전서 5장 16-18절

그리스도인의 삶은 '무릎으로 사는 삶'이기도 하다. 문제가 생길 때마다, 시시때때로 하나님께 무릎을 꿇고 기도의 능력으로 살아가는 것이 그리스도인이 삶의 어려움을 해결하는 방법이다. 하나님의 능력을 체험하는 신앙생활을 위해선 반드시 기도가 필요하다.

3. 기도하는 방법

이토록 중요한 기도는 과연 어떻게 드려야 할까?

우리는 어떤 방법으로 하나님께 기도하는가? 다시 말하면 언제, 누구에게, 무엇의 도움을 받아, 누구의 이름으로 기도하는가?

성부, 성자, 성령은 동일한 한 분이시지만 기도를 드릴 때는 강조되는 역할에 차이가 있다.

(1) 기도의 대상은 성부 하나님이다.

예수님은 기도는 하나님에게 드리는 것이라고 교훈을 주셨다.

● 마태복음 6장 9절

● 요한복음 16장 23절

사도 바울은 누구에게 기도했는가? (엡 3:14,15)

(2) 기도를 도와주시는 분은 성령 하나님이다.

사도 바울은 성령이 우리 기도 생활에 어떤 역할을 한다고 설명했는가?

● 로마서 8장 26,27절

● 에베소서 6장 18절

예수님의 동생인 유다는 기도할 때 성령의 도움을 어떻게
받아야 한다고 말했는가?(유 1:20)

(3) 기도의 통로는 성자 예수님이다.
하나님이 우리의 기도를 들으시고 응답해 주시는 이유는
무엇인가?
● 요한복음 14장 13,14절

● 요한복음 16장 23,24절

하나님은 예수 그리스도와 아무런 관계가 없는 사람의 기
도는 듣지 않으신다. 예수님으로 인해 죄에서 구원받은 사람
만이 하나님께 기도를 드릴 수 있기 때문이다. 그러므로 우
리는 성령님의 도움을 받아 예수님의 이름으로 하나님께 기
도를 드려야 한다.

4. 기도의 내용

교회, 직장, 가정에서 문제를 만났을 때, 이 문제들을 우리
의 힘으로 해결하기 어려울 때 우리는 하나님께 간절한 기도

를 드린다. 우리가 드리는 기도의 내용은 어떠하며 또 대체로 무엇을 위해 기도하는가? 기도는 무엇을 위해 드려야 하는가?

(1) 예수님이 말씀하신 기도의 목적
- 마태복음 6장 11절

- 마태복음 6장 12절

- 마태복음 6장 13절

사도 요한은 이 목적을 어떻게 설명했는가? (요일 1:9)

죄를 회개하지 않으면 신앙생활에 어떤 일이 일어나는가?
- 이사야 59장 1,2절

- 시편 66편 18절

(2) 사도 바울이 말한 기도의 대상
- 디모데전서 2장 1-4절

그리스도인이 높은 지위에 있는 사람을 위해 기도해야 하는 이유는 그들이 하나님의 주권을 인정하며 살아야 우리가 살아가는 사회가 더 나아지기 때문이다. 나라를 운영하는 사람이 그리스도인이든 아니든 우리는 그들을 위해 기도해야 한다. 하나님이 정하신 원칙을 따라 세상의 권세를 가진 사람들을 위해 기도하는 것은 성도의 의무이다.

- 영적 지도자들
- 국가의 위정자들
- 부모님
- 직장 상사

(3) 야고보가 말한 기도의 목적

- 야고보서 5장 13-16절

하나님은 사람들에게 다양한 은사를 내려주시며, 때로는 병을 고치는 기적을 보이신다. 하지만 병 고치는 은사가 있는 사람만이 치유를 위해 기도할 수 있는 것은 아니다. 능력은 은사를 받은 사람이 아니라 은사를 주신 하나님을 통해 오는 것이다.

모든 그리스도인은 아픈 사람을 위해 하나님께 기도할 수 있으며 궁극적으로 병을 낫게 하는 분은 하나님이시다. 아픈 사람을 향한 마음을 가지고 합심하여 기도하면 하나님은 엘리야의 기도에 응답하신 것처럼 우리의 기도에도 응답해 주신다는 사실을 믿어야 한다.

주변 사람들이 병으로 고통받을 때 이 사실을 아는 사람과 모여 합심해 기도하는가?(지금 주변에 몸이 아파 고생하는 지체가 있다면 함께 기도하며 방문함으로 위로하기 바란다.)

(4) 예수님이 말씀하신 기도의 대상
● 마태복음 5장 38-48절

우리를 핍박하는 사람을 위해서도 기도해야 하는 이유는 무엇인가?
● 마태복음 18장 21-35절

● 마가복음 11장 25절

지금 우리를 괴롭히거나 삶에 방해가 되는 사람이 있다면 잠시 그 사람을 위해 기도하는 시간을 갖도록 하자. 또 이런 사람의 이름을 노트에 적어놓고 일정하게 기도하는 시간을 갖기 바란다.

이외에도 신앙생활에 필요한 모든 것을 위해 우리는 기도할 수 있다. 신앙생활을 하며 받았던 특별한 기도 응답이 있다면 다른 사람과 나누어보자.

5. 기도의 자세

우리가 기도를 올리는 상달자는 만물의 창조자인 거룩한 하나님이다. 직장 상사를 만나도, 사회적으로 높은 사람을 만나도 자연스레, 겸손하게 예의를 차리게 된다. 하물며 만왕의 왕이신 하나님께 기도를 드릴 때는 어떠해야 하겠는가? 기도에도 마땅히 갖추어야 할 자세가 있다.

(1) 하나님은 어떤 사람에게 은혜를 주신다고 말씀하셨는가?
- 야고보서 4장 6절

하나님은 겸손하게 기도하는 사람에게 어떤 응답을 주시겠다고 약속하셨는가?
- 역대하 7장 14절

기도는 서서 드릴 수도 있고 앉아서 드릴 수도 있다. 다리가 불편한 사람이 누워서 기도한다고 하나님은 괘씸히 여기지 않으신다. 중요한 것은 드리는 자세보다도 원망이나 불평이 담겨 있지 않은 겸손한 우리의 마음이다. 그러나 때로는 겸손한 마음이 눈물과 무릎, 금식과도 같은 모양으로 표현된다는 사실 또한 기억해야 한다.

(2) 하나님은 어떤 사람을 기뻐하시는가?

● 히브리서 11장 6절

하나님은 믿음으로 기도하는 사람에게 어떻게 응답하시는가?

● 마가복음 11장 24절

아무리 열심히 기도해도 응답받지 못하는 이유는 무엇인가?

● 야고보서 1장 6, 7절

어려운 일이 발생했을 때 그 문제를 해결할 사람을 알고 있다면 당연히 찾아가 도움을 요청할 것이다. 마찬가지로 하나님께 기도할 때는 하나님이 모든 문제를 해결할 능력이 있다는 믿음으로 전능하신 하나님을 신뢰하며 믿음으로 기도드려야 한다.

(3) 기도는 어떤 자세로 드려야 하는가?

● 누가복음 18장 1절

인내하며 꾸준히 기도하는 사람에게 주님은 어떤 약속을 주셨는가?

● 누가복음 18장 2-8절

우리는 한 가지 기도 제목을 놓고 몇 번 정도 기도하는가? 누가복음 11장 5-8절을 읽고 기도에 대한 자세를 점검해 보자.

(4) 하나님이 기도에 응답해 주시는 이유는 무엇 때문 인가?

● 요한복음 14장 13절

자신의 안위만을 위해서가 아니라 하나님의 영광을 위해서 드리는 기도가 성숙한 기도다. 성경에 기록된 초자연적인 역사들은 모두 하나님의 영광을 위해 드러난 일들이다. 우리가 무엇을 구하든지 하나님의 영광을 위해서 구할 때 하나님은 능력으로 기도에 응답하실 것이다.

반면에 하나님의 영광이 결여된 기도는 어떤 결과를 가져오는가?

● 야고보서 4장 2,3절

결론

1. 신앙생활에 있어서 기도는 절대적으로 필요하다.

주님도 기도의 삶으로 본을 보이셨고, 성경도 우리에게 기도의 중요성을 수없이 강조한다. 기도하지 않으면 결코 승리할 수 없다. 지금 우리는 기도에 얼마만큼의 시간을 투자하고 있는가?

2. 기도는 예수 그리스도의 이름을 통해 성령님의 도우심으로 하나님께 드려진다. 우리의 기도는 성령님께 의존하는 기도인가? 우리의 노력만으로 이루려고 하는 기도인가?

3. 신앙생활에 필요한 모든 것들은 기도 제목이 된다.
   일용할 양식, 죄의 용서, 병의 고침, 높은 지위에 있는 사람들, 심지어 우리를 미워하며 핍박하는 사람도 기도의 대상이 된다. 우리는 필요한 모든 것들을 위해 하나님께 기도하는가? 너무 당연한 것들은 놓치고 있지는 않은가?

4. 하나님께 기도할 때는 겸손하게 믿음을 가지고 꾸준히 인내하며 하나님의 영광을 위해 드려야 한다. 우리에게 부족한 기도의 자세는 어떤 것인가?

2. 기도의 종류와 하나님의 응답

1. 기도의 종류

우리의 기도는 "무엇을 달라"라고 요청하는 것이 대부분이다. 그러나 간구뿐 아니라 찬양, 감사, 회개, 다른 사람을 위한 중보도 기도의 중요한 영역이다.

우리의 필요를 구하는 1차원적인 기도에서 벗어나는 성숙한 신앙이 되어야 한다. 하나님의 성품을 찬양하며, 주님이 베푸신 은혜에 감사하며, 죄를 회개하며 다른 사람을 위해 사랑의 마음으로 기도할 때 하나님이 주시는 은혜와 기쁨이 우리 삶에 더욱 넘치게 된다.

(1) 찬양의 기도

찬양이란 손을 들어 경배하며 하나님께 영광을 돌리는 것을 의미한다.

다음 성경 구절을 통해 이스라엘 백성들이 언제 하나님을 찬양했는지 살펴보자.
- 출애굽기 15장 1-19절

- 사무엘상 2장 1-10절

- 누가복음 1장 46-55절

어떤 일을 통해 하나님을 찬양할 수 있는가?
- 시편 138편 5절

- 시편 145편 3절

- 시편 21편 13절

- 역대하 20장 21절

- 시편 150편 2절

하나님의 능력과 하나님의 성품을 기도를 통해 찬양할 수 있다. 기도로 하나님을 찬양하는 방법에 대해 함께 토의해 보자.

찬양을 통해 하나님의 성품을 의지하게 되면 능력을 체험하므로 신뢰할 수 있게 된다. 바울과 실라는 찬양의 기도를 통해 어떤 기적을 체험했는가?
- 사도행전 16장 25,26절

기도하는 중에 하나님을 찬양할 수 있지만, 하나님을 찬양하기 위해 기도하는 시간도 가져야 한다.

(2) 감사의 기도

사도 바울은 어떤 기도의 자세를 가져야 한다고 교훈했는가?
● 빌립보서 4장 6절

감사로 기도하는 사람에게 주님은 어떤 약속을 주셨는가?
● 빌립보서 4장 7절

다니엘과 바울은 어떤 감사 기도를 드렸는지 다음의 성경 구절을 찾아보자.
● 다니엘 2장 23절

● 고린도후서 9장 15절

죽은 나사로를 살리시기 전에 예수님은 어떤 기도를 드렸는가?
● 요한복음 11장 41절

아무리 어려운 상황에 처했더라도 먼저 하나님의 은혜를 생각하며 감사를 드리며 기도를 시작해야 한다. 이미 주님은 우리 삶의 숱한 기도에 응답해 주셨다. 그 순간들을 떠올리며 먼저 감사할 때 예전에도 그랬듯이 지금의 문제도 하나님이 해결해 주실 것이라는 믿음이 생긴다.

다윗은 어떤 사람이 주님께 감사의 기도를 드릴 수 있다고 말했는가?
- 시편 140편 13절

어떤 기도를 통해 하나님께 감사를 드릴 수 있는지 함께 나누어보자.

(3) 회개의 기도

회개란 자신의 잘못과 죄를 뉘우치며 죄에서 하나님으로 삶을 돌이키는 것을 의미한다.

기도 생활에서 회개가 중요한 이유는 무엇인가?
- 시편 66편 18절

- 이사야 59장 1,2절

- 이사야 1장 15절

하나님은 회개하지 않은 사람의 기도는 결코 듣지 않으신다. 무엇을 간구하기에 앞서 먼저 반드시 회개가 선행되어야 한다. 하나님과 바른 관계를 정립한 뒤 우리의 필요를 구해야 한다.

예수님과 야고보는 회개가 왜 필요하다고 말씀하셨는가?
● 마태복음 5장 23절

● 야고보서 5장 16절

다윗은 자기 잘못을 깨닫고 어떤 기도를 드렸는가?

우리는 기도할 때 먼저 잘못을 회개하는가? 아니면 무작정 필요를 먼저 구하는가?

우리의 수많은 기도가 응답받지 못하는 이유는 회개하지 않고 급하게 구하기 때문인 경우가 많다. 간구에 앞서 회개와 하나님께 드리는 찬양과 감사를 반드시 잊지 말아야 한다.

2. 기도 응답의 종류

우리는 하나님이 우리 기도에 응답하시는 방법이 몇 가지나 있다고 생각하는가?

자기중심적으로만 생각하는 우리는 기도한 그대로 하나님이 들어주시기를 바라기 때문에 기도 응답은 승낙만 있다고 이해한다. 하지만 하나님은 항상 승낙으로 응답해 주시지는 않는다. 다만 어떤 형식으로든 기도에 응답해 주신다. 하나님이 우리 기도에 응답해 주시는 방법은 크게 네 가지가 있다.

(1) 허락(Yes)

허락은 우리가 기도하는 대로 들어주시는 하나님의 응답이다. 우리의 기도가 하나님의 뜻과 하나님의 때에 합당하면 하나님은 지체 없이 응답해 주신다. 다음 성경 구절을 통해 기도한 대로 응답해 주시는 경우를 살펴보자.

● 사무엘상 1장 9-20절

● 열왕기하 20장 1-11절

● 야고보서 5장 17,18절

● 요한복음 6장 11절

● 사도행전 3장 1-10절

우리 기도가 하나님의 영광을 위하는 것이라면 내용에 상관없이 하나님은 그대로 기도에 응답하신다. 기도한 그대로 하나님이 응답해 주신 적이 있었다면 함께 나누어보자.

(2) 거절(No)

하나님은 기도에 거절로 응답해 주시기도 한다. 우리 기도의 내용이 하나님께 합당하지 않거나 기도의 자세가 바르지 않기 때문이다. 거절 역시 하나님의 분명한 응답이라는 사실을 기억해야 한다.

위대한 사도 바울도 기도에 응답받지 못한 경우가 있었다. 바울의 어떤 기도가 왜 응답받지 못했는지 찾아보자.
- 고린도후서 12장 7-9절

사도 바울은 이런 상황을 통해 우리에게 어떤 교훈을 남겼는가?
- 로마서 8장 28절

예수님 역시 마찬가지다.
예수님의 어떤 기도가 왜 응답받지 못했는지 찾아보자.
- 마태복음 26장 36-46절

예수님은 십자가의 잔을 피하게 해달라고 기도했지만 하나님은 '안 된다'고 응답하셨다. 구원의 사역을 완성하기 위해서는 이 방법밖에 없었기 때문이다. 예수님의 기도에 거절로 응답하신 하나님은 나중에 예수님에게 더 귀한 축복을 내리셨다.

● 빌립보서 2장 9−11절

하나님으로부터 '거절'로 기도 응답을 받은 경험을 나누어 보자.

(3) 기다림(Wait)

기다림은 기도를 드린 때로부터 시간이 흐른 후에 들어주시는 응답이다. 우리의 기도가 주님의 뜻에는 합당하지만 아직 때가 이르지 못했기 때문이다. 지금 응답해 주시는 것보다 하나님의 때에 응답해 주시는 것이 우리에게 훨씬 유익하기 때문에 하나님은 때때로 바로 응답하지 않으시고 적당한 때를 기다리라고 응답하신다.

아브라함은 하나님에게 어떤 약속을 받았는가?

그 응답은 몇 년이 지나고 받았는가?

● 창세기 15장 1−5절

● 창세기 12장 4,5절

다니엘의 기도는 며칠 만에 하나님께 응답받았는가?

● 다니엘 10장 10−14절

하나님의 뜻에 합당한 기도는 반드시 하나님께서 응답해 주신다. 그래서 주님은 우리에게 다음과 같이 말씀하셨다.

● 누가복음 18장 1절

하나님의 응답을 기다리는 기도 제목이 있다면 함께 나누어보자.

(4) 대체(Alternative)

'가'를 구하는 기도에 하나님이 '나'로 응답하시는 것은 우리에게 '나'가 더 유익하기 때문이다. 하나님은 '대체'로 응답하시는 경우가 많다. 세월이 흐른 후 뒤돌아보면 하나님께서 기도를 들어주시지 않았다고 생각하는 간구들이 더 좋은 것으로 응답받았다는 사실을 깨닫게 된다.

사도행전 16장 6-10절을 읽은 후에 이런 경험이 있다면 함께 나누어보자.

하나님이 기도에 응답하시는 방법을 제대로 이해하지 못하면 능력 있는 기도 생활을 할 수 없다. 하나님께서는 어떤 방법으로든 우리 기도에 응답하시기 때문에 기도를 드렸다면 반드시 어떻게 응답하셨는지 살피며 기도 생활을 이어나가야 한다.

3. 하나님께서 응답하시지 않는 경우

하나님은 다양한 방법으로 모든 기도에 분명히 응답을 해 주신다. 그러나 예외적으로 응답해 주시지 않는 경우가 있다. 다음의 성경 구절들을 통해 이런 경우를 찾아보자.

● 야고보서 4장 2절

● 예레미야 5장 25절

● 마가복음 11장 25절

● 야고보서 1장 6,7절

● 야고보서 4장 3절

기도를 드리는 우리의 자세가 잘못된 경우 하나님은 응답을 주시지 않는다. 하나님의 응답이 더디다고 생각될 때는 우리 기도의 자세가 바른지 되돌아봐야 한다.

적용

1. 기도에는 간구 외에도 찬양, 감사, 회개가 있다.

이 모든 것이 균형을 이룰 때 기도에는 능력이 임하고 신앙생활은 성숙해진다. 우리의 기도는 어느 정도 균형을 이루고 있는가?

2. 하나님께서는 우리 기도에 그대로 승낙하시거나, 거절하시거나, 기다리라고 하시거나, 다른 것으로 대체해 주시는 방법으로 응답하신다. 우리는 하나님의 응답이 다양하게 올 수 있다는 사실을 염두에 두고 기도하고 있는가?

3. 하나님은 우리 마음속에 죄가 있거나 다른 사람을 향한 미움이 있을 때, 정욕을 품으며 구하거나 의심할 때 기도를 듣지 않으신다. 우리는 기도할 때 마음과 영혼을 살피며 바른 자세와 동기에 신경 쓰고 있는가?

3. 중보 기도

1. 중보 기도의 의미

중보 기도란 다른 사람을 위해 하는 기도다. 성경에 나오는 많은 믿음의 인물들도 다른 사람들을 위한 중보 기도를 하는 모습이 많이 등장한다.

(1) 믿음의 조상 아브라함은 누구를 위해 기도했는가?
- 창세기 18장 22,23절

(2) 모세는 이스라엘 백성들을 위해 어떤 기도를 했는가?
- 출애굽기 32장 11-13절

(3) 이사야가 히스기야를 위해 기도한 결과는 어땠는가?
- 역대하 32장 20-32절

(4) 사도 바울은 누구를 위해 어떤 기도를 드렸는지 다음 성경 구절을 찾아보자.
- 골로새서 1장 9절

● 데살로니가후서 1장 11절

우리는 연약한 인간이기에 항상 기도가 필요하다.

기도 제목을 나누며 서로를 위해 기도해 주는 것은 반드시 필요한 일이다. 우리는 다른 사람의 기도 제목에 귀를 기울이며 중보하고 있는가? 중보 기도의 대상과 방법에 대해 함께 나누어보자.

(5) 사도 바울조차 다른 사람에게 기도를 부탁했다. 바울은 누구에게 어떤 내용을 부탁했는가?

● 에베소서 6장 19,20절

● 골로새서 4장 2,3절

우리는 다른 사람에게 기도를 부탁하고 있는가?

기도 제목을 나누고 있지 못하다면 그 이유는 무엇인가?

2. 예수님의 중보 기도

예수님도 공생애 기간에 다른 사람을 위해 기도하셨다. 예수님은 누구를 위해 어떤 기도를 하셨는지 다음 말씀을 찾아보자.

● 요한복음 17장 1-26절

● 누가복음 22장 31,32절

주님은 지금도 모든 그리스도인을 위해 중보 기도를 드리고 계신다.
히브리서 기자는 이 사실을 어떻게 설명했는가?
● 히브리서 7장 25절

3. 중보 기도의 자세

(1) 아브라함은 소돔과 고모라에 있는 의인들을 위해 어떻게 기도했는가?
● 창세기 18장 23-33절

우리는 아브라함처럼 다른 사람의 문제를 놓고 간절히 기도하고 있는가?

(2) 모세는 범죄한 이스라엘 백성들을 위해 어떻게 기도했는가?
● 출애굽기 32장 31,32절

우리는 자신을 희생해서라도 다른 사람을 위해 기도해 본 적이 있는가?

(3) 느헤미야는 이스라엘 백성들을 위해 무엇에 의지해
   기도했는가?

● 느헤미야 1장 8-10절

우리의 중보 기도 역시 다른 기도들처럼 하나님의 뜻에 내용이 합당해야 한다.

4. 중보 기도할 때 주의할 점

중보 기도에는 크게 두 가지 종류가 있다.

첫째, 다른 사람에게 공개할 수 있는 중보 기도
둘째, 다른 사람에게 공개해서는 안 되는 중보 기도

다른 사람이 우리에게 기도를 부탁했을 때 그 제목을 아무에게나 공유해서는 안 된다. 아내나 남편같이 가까운 사이에서도 공개하면 안 되는 기도 제목도 있다. 이런 사실을 유념하면서 지혜롭게 기도하지 않으면 중보 기도가 오히려 독이되어 부작용을 일으킨다. 중보 기도가 다른 이를 돕기 위한 기도가 아닌 가십거리로 전락해버리기 때문이다.

우리의 기도 제목을 나열해보고 그 중 공개해서는 안 되는

제목을 찾아보자. 기도 제목에 따라 부탁할 수 있는 사람이 따로 있는 경우도 있을 것이다. 마찬가지로 우리가 다른 사람에게 기도를 부탁할 때도 비밀을 지켜야 하는 경우에 대해서는 분명히 언급해야 하며, 기도 부탁을 받을 때도 마찬가지다.

적용

1. 중보 기도란 다른 사람을 위해 기도하는 것을 의미한다.

   성경에 기록된 하나님의 사람은 모두 다른 사람을 위해 기도했으며 또한 자기 기도 제목을 부탁했다. 우리는 누구를 위한 중보 기도를 하고 있는가?

2. 예수님께서도 베드로와 제자들을 위해 중보 기도를 하셨다.

   주님께서는 지금도 우리를 비롯한 모든 성도들을 위해 기도하고 계신다. 주님이 우리를 위해 기도하고 있다는 사실이 우리에게는 어떻게 느껴지는가?

3. 다른 사람을 위해 기도할 때도 자신을 위한 기도처럼 간절한 마음이 있어야 한다. 우리의 중보 기도를 드리는 자세 중 고쳐야 할 점을 찾아보자.

4. 중보 기도에는 공개해도 좋은 것과 공개해서는 안 되는 기도 제목이 있다. 우리의 중보 기도 제목 가운데 공개해서는 안 되는 것이 있다면 무엇인지 분류해놓자. 다른 사람에게 부탁받을 때도 동일한 원리를 적용하자.

4. 금식 기도

금식 기도란 영적인 이유로 음식을 전혀 섭취하지 않거나 부분적으로 절식을 하며 기도에 전념하는 기도다.

1. 금식 기도를 하는 경우

구약 시대에 이스라엘 백성들은 공식적으로 일 년에 한 번씩 금식을 했다(레위기 16장). 이스라엘 백성들은 금식을 하며 하나님께 회개하는 날을 정기적으로 가졌으며 그 밖에도 중차대한 문제가 생기면 금식 기도로 문제를 해결해나갔다.

다음 성경 구절을 찾아가며 이스라엘 백성들이 어떤 상황일 때 금식 기도를 했는지 살펴보자.

(1) 첫 번째 사례

● 사무엘상 7장 6절

● 열왕기상 21장 27절

● 요나서 3장 5절

(2) 두 번째 사례

- 역대하 20장 3절

- 에스더 4장 13-16절

(3) 세 번째 사례

- 사무엘상 31장 13절

- 사무엘하 1장 12절

- 시편 35편 13절

(4) 네 번째 사례

- 이사야 58장 2-6절

- 사도행전 14장 23절

(5) 다섯 번째 사례

- 누가복음 2장 37절

- 사도행전 13장 2,3절

금식 기도를 했던 적이 있는가? 어떤 이유로 금식 기도를 했고, 그 결과가 어땠는지 함께 나누어보자.

2. 금식 기도를 하는 방법

금식 기도는 금식을 할 만큼 특별한 문제가 있거나 기도에만 매진을 하다가 금식하게 되는 것이다. 금식 자체에는 특별한 능력이 있지 않다. 금식 기도를 하는 사람은 작정한 날을 준비하기 위해 미리 먹는 것부터 조심하며 준비를 해나가야 한다. 금식은 단순히 음식을 먹지 않는 게 아니라 식음을 전폐할 만큼 하나님께 집중해 기도하겠다는 의미가 담겨 있는 것이다.

(1) 금식 기도할 때 명심해야 할 두 가지 사실은 무엇인가?
● 누가복음 2장 37절

● 예레미야 36장 6절

(2) 금식 기도할 때 선행되어야 할 일은 무엇인가?
● 느헤미야 9장 1절

● 시편 35편 13절

금식은 음식을 끊는 것이 아니라 죄를 끊는 것이다. 금식 기도는 단순히 밥을 굶으며 기도하는 것이 아니기 때문에 영적인 생활에 더욱 집중하며 마음가짐과 몸가짐을 조심해야 한다.

3. 금식의 기간

금식에는 정해진 기간이 없으며 성경에도 다양한 날의 금식을 하는 기도가 나온다.

● 사무엘상 31장 13절

● 다니엘 10장 3절

● 누가복음 18장 12절

금식의 기간은 사람의 상황에 따라 다르게 결정된다. 오래 금식한다고 기도가 반드시 응답받는 것은 아니므로 상황에 맞게 건강에 무리가 가지 않도록 조절하는 것이 좋다.

4. 금식 기도할 때 주의 사항

아무런 의미 없는 형식적인 금식 기도를 주님은 오히려 책망하셨다. 금식 기도할 때 우리가 주의해야 할 사항은 무엇인가?

● 마태복음 6장 16–18절

● 누가복음 18장 12절

하나님을 향한 모든 행동은 진실하고 정직해야 한다. 사람에게 보이려고 금식을 한다거나 금식을 오래 했다고 자랑하는 것은 결코 주님이 보시기에 옳은 일이 아니며 오히려 책망받을 일이다. 금식 기도에 대해 새로 결심한 것이 있다면 함께 나누어보자.

적용

1. 어떤 특별한 영적 문제가 있을 때 금식 기도는 상당히 유용하다. 우리는 어떤 상황에서 금식 기도를 했는가? 또 어떤 상황이라면 금식 기도를 하겠는가?

2. 금식 기도를 할 때는 겸허하게 자기 죄를 고백하며 말씀과 기도에 전념해야 한다.

3. 금식 기간은 사람에 따라 다르다. 우리에게 적당한 기간은 어느 정도라고 생각되는가?

4. 금식은 사람에게 보이려고 하거나 기간을 자랑하기 위해서 하는 것이 아니다. 우리의 모든 행동은 하나님 앞에 진실하고 정직해야 한다.

4

예화

홀(Hall) 감독은, 우리의 기도는 오직 열심히 하는 기도여야 함을 다음과 같은 귀한 말로 표현하였다. "기도는 수학이 아니니 기도의 회수가 기도의 힘이 되는 것이 아니며, 기도는 수사학(修辭學)이 아니니 기도의 웅변(雄辯)이 기도의 힘이 되지도 못하며, 기하학(幾何學)이 아니니 그 기도의 장단(長短)이 기도의 힘이 되지도 못한다. 기도는 또 음악도 아니니 그 음성의 아름다움이 힘이 되지도 못한다. 기도는 또한 논리학도 아니니 그의 논조(論調)가 문제 되지 못하며 기도의 순서 정연한 그 방법이 기도의 힘이 되지도 못한다. 심지어 하나님이 가장 관심을 두시는 신학까지도 기도의 힘은 되지 못하나니 그 교리가 아무리 좋게 들린다고 하여도 기도의 힘은 못 된다. 그러나, 오직 마음의 열심, 이것만이 가장 필요한 유용(有用)한 힘이 된다."

앤드류 보나르 박사는 그리스도를 닮은 분이라는 칭찬을 들은 분이다. 그분이 어느 날 미국을 방문했을 때 무디 선생을 찾아가 그의 성결한 생활의 비결이 무엇인가에 대해 물었다. 무디 선생은 겸손하게 대답하기를 "저는 저 자신에 대해서는 말하지 않기로 했습니다만 저는 50년 동안 하나님의 보좌를 왕래하면서 살아왔습니다"라고 대답했다고 한다. 이는 무디 선생이 얼마나 기도 생활을 잘 했는가를 보여 준다.

중국의 선교사였던 허드슨 테일러는 어느 날 배를 타고 가다가 바람이 불지 않으므로 배가 더 갈 수 없다고 정박을 했다. 테일러는 약속 시간이 있어서 시간 전에 가도록 선장에게 독촉했다. 선장은 "바람이 없어서 배가 갈 수 없으니 목사인 당신이 바람을 달라고 기도하라"라고 하였다. 테일러가 배가 나아가는 방향으로 먼저 배를 돌려놓으라고 요구하자 선장은 기도부터 할 것을 주장했다. 그러나, 테일러는 배를 돌려놓아야 기도한다고 고집했기 때문에 선장은 할 수 없이 배의 방향을 돌려놓았다. 그러자 테일러는 선창에 있는 작은 밀실에 들어가 기도하기 시작했다. 얼마쯤 지나자 선장이 달려와 골방 문을 두드리며 "목사님, 뭘 하고 계십니까? 이젠 기도를 그만두십시오. 바람이 너무 불어서 야단입니다"라고 했다는 일화가 있다.

또 날이 너무 가물어서 어느 교회 목사와 장로는 비를 달라고 기도하기 위해 모였다. 그때 한 장로의 딸인 주일학교 어린이가 자기도 함께 기도하러 가겠다고 졸랐다. 아이는 허락을 받고는 우산을 챙겨 들었다. 왜 우산을 가지고 가느냐고 어른들이 묻자 "비 달라고 기도하면 비가 올 것이니 집에 올 때는 우산이 필요하지 않겠어요?"라고 대답하였다. 이 말에 어른들은 "와~" 하고 웃음을 터뜨렸다고 한다. 그러나 사실 웃을 일이 아니다. 기도란, 비를 달라고 기도하러 갈 때는 우산을 들고 나서는 믿음이 있어야 하고, 바람을 달라고 기도할 때는 배부터 돌려놓는 믿음으로 해야 한다. 그러므로 믿음으로 하는 기도는 소망이 아니요 예언이라 하였다.

독일 와르소 부근의 작은 마을에 도르비(Dorby)라는 농부가 살고 있었다. 그는 매우 가난했다. 더구나 2년 동안 비가 오지 않아 농사가 되지 못해 모아둔 곡식마저 바닥이 났다. 그의 지주는 그를 쫓아내려고 위협했다. 봐달라고 호소할 겨를도 없이 도르비와 그의 가족은 이틀 안에 떠나도록 지시를 받았다. 그들은 어디로 갈 것인가?

도르비는 가족들과 함께 이 어려움에서 구해 주시기를 하나님께 간절히 기도했다. 그들의 기도가 끝나는 순간 이상한 소리가 들렸다. 창문을 열어 보니 나뭇가지 위에 까마귀 한 마리가 있었는데, 그 까마귀는 그의 할아버지가 길렀던 것이었다. 까마귀의 부리에는 다이아몬드와 루비로 된 금목걸이가 반짝이고 있었다.

그 목걸이는 임금님께서 지방을 순회하다가 잃어버린 것이었다. 도르비는 그 보석들을 임금님께 갖다 바쳤고, 그 대가로 농토도 준비하고 작은 집도 장만할 만큼의 상금을 받았다.

신앙의 날개로 하늘에 올랐을 때 기도는 응답된다.

이 세상에는 유명한 성화가 많이 있다. 그러나 그중에 제일 값어치가 있고 많은 사람에게 호평을 받는 성화는 프랑스의 농민 화가였던 밀레가 그린 『만종 』이라는 그림이다. 그 그림은 원래 70달러밖에 되지 않는 물감과 종이를 가지고 그렸다고 하는데 나중에 어느 미국인이 그 그림을 12만 5천 달러에 샀다.

얼마 후에 프랑스 사람들이 이 명화를 다시 본국으로 찾아와야겠다는 생각에서 15만 달러를 주고 사다가 루브르 미술관에 걸어 놓았다고 한다.

만종이란 그림은 어떤 젊은 부부가 하루 종일 땀 흘려 일하다가 멀리 예배당의 종소리가 들려 오자 괭이와 삽을 놓고 두 손을 모으고 하나님께 기도드리는 모습을 그린 것이다.

하나님께 기도하는 모습이 가장 값진 것이다.

주님의 동생이며, 예루살렘 교회의 감독으로 있던, 의인의 별칭을 받은 야고보는 성소에 들어가는 것만을 하나님에게서 받은 자기의 의무로 생각하고 늘 성전에 들어가 무릎을 꿇고 국민의 죄 사하심을 위하여 하나님께 기도했다. 그렇게 늘 하나님 앞에 무릎 꿇고 탄원한 결과 그의 무릎은 약대의 무릎처럼 굳어졌다고 한다.

폴란드가 낳은 세계적으로 유명한 피아니스트 파데레프스키는 이런 말을 한 일이 있다.

"내가 하루 동안만 연습을 하지 않으면 나 자신이 차이를 알고, 이틀만 연습을 안 하면 내 가족들이 알고, 사흘을 안 하면 내 친구들이 알고, 한 주일 동안 연습을 안 하면 일반이 알게 된다."

우리의 기도 생활도 그러하다.

일주일쯤 안 하면 일반이 알게 될뿐더러 남에게까지 해를 끼치게 되는 것이다. 그러므로 성경은 "쉬지 말고 기도하라, 항상 기도하라" 등 기도를 권면하는 것이다.

영국이 낳은 과학자 드러먼드의 말이다.

"하루에 단 10분간이라도, 아니 10분이 없으면 단 2분간이라도 세상 복잡한 생각을 온전히 떠나 기도를 통하여 그리스도와 합일(合一) 하는 시간이 있다면 하루의 생활에 큰 변화가 있을 것이요, 이런 생활을 매일 계속한다면 인격 전체에 큰 변화가 있으리라."

기도는 변혁을 일으킨다.

어떤 마부의 마차 바퀴가 진흙 속에 깊이 박히게 되었다. 마부는 곧 길가에 엎드려 "오! 신이시여, 마차 바퀴를 이 수렁에서 뽑아내 주옵소서"라고 기도하기 시작했다. 천사가 나타나서 "엎드려 기도만 하지 말고 일어나 네 힘을 다하여 차를 밀면서 채찍을 들어 말을 쳐라"라고 일러주었다. 그제야 마부는 일어나 마차를 밀면서 채찍으로 말을 쳤다. 마차는 진흙 속 깊이 빠졌던 자리에서 빠져나와 굴러가게 되었다.

자기의 할 일은 않고 하나님만 찾는 것은 잘못된 일임을 말하는 이야기다. 마태복음 7장 7–12절의 "구하라 주실 것이요, 찾으라 찾을 것이요, 문을 두드리라 열릴 것이라"라는 말씀 가운데는 인간이 해야 할 일도 있음을 보여 준다. 사람의 할 일을 하며 하나님께 구할 것을 구해야 한다.

두 천사가 지상에 내려왔다. 그들은 각각 바구니를 가졌으며 사람이 기도하고 있는 곳이면 어디든지 멈춰서 그곳을 방문하였다. 그들은 학교건 교회건 오막살이건 성이건, 가림 없이 들어갔다. 얼마 안 되어 한 천사의 바구니는 그가 수집한 것으로 가득 차 무거워졌으나 다른 천사의 것은 아직도 비어 있었다. 첫 번째 천사는 "이것을 주십시오. 저것을 원합니다"라는 탄원의 기도를 바구니에 받아 담았고 또 하나의 천사는 감사의 기도를 모았던 것이다.

"당신의 광주리는 아주 가볍게 보입니다"라고 처음 천사가 말하자 감사의 기도를 모은 천사는 "사람들은 그들이 원하는 것에 대한 기도는 언제나 충분히 합니다. 그러나 하나님께서 그들의 간구를 들어 주신 것에 대해서 기억하고 감사의 기도를 드리는 사람은 아주 적습니다"라고 말했다.

강철왕으로 유명한 카네기가 세상을 떠나기 전, 평소 그를 존경하던 친지들이 둘러앉아 "당신이 지금까지 성공적인 삶을 산 비결이 무엇이냐?"라고 물었다.

그때 카네기는 서슴지 않고 "나는 매일 기도 생활을 해 왔습니다. 그리고 나 자신을 하나님께 온전히 바쳤습니다. 그로 인하여 정신적인 갈등과 번민은 사라지고 평화와 능력이 나를 사로잡았습니다"라고 대답했다.

미국의 유명한 치즈 제조업자였던 크래프트라는 사람은 처음에는 마차에 치즈를 싣고 다니면서 팔았다.

그런데 그는 매일 아침 치즈를 팔러 나가기 전에 먼저 하나님께 기도를 드리고 나갔다고 한다. 그때마다 그에게 지혜가 생겨서 사업이 점점 번창하게 되었고 나중에는 수많은 트럭으로 치즈를 보급하는 치즈왕이 되었다.

그에게 "당신이 성공한 비결이 무엇인가?"라고 물었을 때 그는 "하나님께 지혜를 구하는 기도를 하고 모든 일을 처리하게 될 때 하나님께서는 이처럼 축복하셨다"라고 고백했다고 한다. 기도는 그를 성공하게 했다.

바운즈는 "하나님을 위한 강력한 결과를 가져오는 설교자는 사람을 설득하기 전에 기도하는 데 승리하는 사람"이라고 말하면서 "골방에서 하나님과 사귀는 데 있어서 가장 우수한 설교자는 강단에서도 사람 사귀는 데 가장 우수하다"라고 말했다. 그리고 스펄전은 "전도자는 모든 다른 사람 위에 뛰어난 기도의 사람으로 구별되어야 한다. 그가 일반 신자만큼도 기도하지 않는다면 그는 위선자가 될 것이며 나아가서 그는 맡은 바 사명을 결코 감당할 수 없게 된다. 만일 당신이 교역자로서 기도의 사람이 되지 못한다면 당신은 비참하게 될 것이다. 결국은 당신이 수치를 당하며 허둥지둥하게 되는 날이 오고야 말 것이다"라고 했다.

어느 날 어린 소녀가 엄마와 같이 교회에 갔다. 그때 한 집사가 기도하기 시작했다. 그의 기도 소리는 너무나 커서 교회 안이 쩌렁쩌렁 울릴 정도였다. 기도가 끝났을 때 소녀는 어머니에게 귓속말로 이야기했다.

"엄마, 저 집사님이 하나님께 더 가까이 있었다면 저렇게 큰 소리로 말할 필요가 없었을 거예요. 안 그래요?"

소녀의 이야기는 조금도 틀림이 없다. 우리는 주님의 손을 붙잡을 만큼 가까이에서 기도하며 살아야 한다.

찬송가 363장을 쓴 분은 엘리샤 알브라이트 호프만 목사님이다. 호프만 목사님이 레바논 어느 교회에서 시무했을 때 어떤 날 오후 슬픔을 당한 교우 댁을 심방했다.

이 부인은 "어쩌면 좋아, 어쩌면 좋아"라며 미친 듯이 울어댔다. 목사님은 "당신의 모든 슬픔을 예수님께 고하는 도리밖에 아무것도 없습니다. 예수님께 고해야 합니다"라고 했다. 이 여인은 한참 동안 울다가 무슨 생각이 들었는지 울음을 멈추고서 "옳습니다. 예수님께 고해야지요. 예수님께 고해야 합니다"라고 되풀이하며 기도했는데 비통했던 그의 얼굴은 밝아지기 시작했다.

호프만 목사님은 이 여인을 붙들고 다시 기도했다. 그녀는 기도 후 완전히 새사람이 되어 일어났다. 집에 도착한 호프만 목사님은 곧장 서재로 들어가 다음의 찬송을 기록했다.

"내 모든 시험 무거운 짐을 주 예수 앞에 아뢰이면
근심에 싸인 날 돌아보사 내 근심 모두 맡으시네
무거운 짐을 나 홀로 지고 견디다 못해 쓰러질 때
불쌍히 여겨 구원해 줄 이 은혜의 주님 오직 예수"

아프리카의 그리스도인 청년이 고열로 헛소리를 하고 있었다. 고통이 그의 몸을 휘감았다. 좀처럼 열이 내려가지 않았다. 유럽에서 온 선교사마저도 도움이 되지 못했다. 환자의 고통을 덜어 주기 위해 할 수 있는 대로 다 해보았다. 선교사가 한 가지 아는 것은 환자에게 얼음주머니가 절대적으로 필요하다는 것이었다. 그러나 그것은 아프리카 정글 속에서 얻지 못할 물건을 탐내는 것과 같은 것이다.

환자의 어머니는 하나님께서 불가능을 가능케 하신다는 선교사의 설교를 들은 적이 있었다. 그래서 그녀는 하나님께 얼음을 달라고 함께 기도하자고 했다.

"얼음을? 이렇게 뜨거운 곳에 하나님이 얼음을 주실 수가 있겠소?" 라고 선교사는 난처한 듯 말했다.

"그래도 구해봅시다"라고 그 어머니는 간청했다.

그래서 두 사람은 환자의 침대 옆에 무릎을 꿇고 얼음을 주시기를 기도했다.

"주님 내 아들을 치료하는데 얼음이 있어야 한다면 얼음을 보내주소서. 당신께서는 하실 수 있음을 믿나이다."

기도가 끝나자마자 뇌성이 울리고 큰 공만한 얼음들이 오두막 지붕 위로 쏟아졌다. 우박이었다.

마침내 청년은 회복되었다.

"하나님의 뜻 아닌 일을 제외하고는 응답 되지 않는 기도는 없다."

"기도가 어떤 것(Anything)이냐 하면 그것은 바로 모든 것(Everything)이다. 그게 사실일진대 그것은 가장 위대한 진리이다."

제1차 세계 대전 때 참전했다가 다리를 다친 한 젊은이가 있었다. 그는 수도사가 되는 것이 소원이었지만 학력 부족으로 수도사가 될 수 없었다. 수도사에 대한 미련을 버리지 못한 그는 간청 끝에 수도원의 요리사로 들어갔다.

그는 비록 수도사가 아닌 요리사로 수도원에 들어왔지만 하나님께 감사를 드렸다. 그는 수도사들이 열심히 공부하고 수도를 하는 동안에 그들을 위하여 주방에서 열심히 요리를 만들었다. 세월이 흘러갔다. 그런데 주방에서 요리를 하던 그가 수도원의 원장이 되었다. 수도사도 될 수 없었던 그가 어떻게 수도원의 원장이 되었을까?

그는 그의 모든 이론을 파기하고 하나님을 대적하여 높아진 자기의 모든 생각을 사로잡아 그리스도에게 복종케 하였다. 그는 쉬지 않고 기도하는 삶을 살았다. 그는 시장에 갈 때면 "주님, 좋은 식품을 값싸게 구입하게 하시어 수도사들이 잘 먹을 수 있도록 해 주시옵소서"라고 기도했으며 설거지를 하면서도 "주님, 제가 그릇을 씻어 깨끗하게 하는 것처럼 예수 그리스도의 보혈로 제 마음과 몸을 깨끗하게 씻어주옵소서"라고 기도하였다. 심지어 불을 지피면서도 "주님이시여, 이처럼 성령의 불이 제 마음속에 타게 해 주옵소서"라고 기도하였다. 그 후 그는 수도원 원장이 되었다.

동아프리카 적도 부근에서 활약한 기독교 선교 연맹의 P.K. 스미스 선교사는 자기의 놀라운 체험을 이렇게 이야기했다.

어느 날, 그의 일행은 한 번도 구원의 복음을 들어 본 적이 없는 새 부족을 찾아가는 길에 맹렬한 육식 동물로 가득 찬 밀림 속에서 밤을 맞게 되었다. 열대지방의 소나기는 쏟아붓듯이 내렸고 천둥소리에 온 밀림이 뒤흔들렸다. 흠뻑 젖어 더 이상 갈 수가 없다고 판단한 그들은 그곳에 천막을 치고 쉬기로 했다.

그들이 잠든 사이 비는 그치고 밝은 달빛이 비치고 있었는데, 밤 12시 15분쯤 갑자기 대지가 흔들리며 천막이 움직이는 이상한 느낌에 잠에서 깼다. 밖으로 나갔을 때 그는 15마리의 거대한 코끼리가 천막 쪽으로 몰려오는 것을 목격했다. 급히 총을 집어 들었지만 아무런 효력도 없으리라 생각되어 천천히 뒷걸음질 치고 있었다. 그런데 그가 물러서는 동안 접시와 빈 깡통이 쌓여 있는 테이블을 치는 바람에 요란한 소리가 났다. 눈앞이 캄캄해지고 겁에 질린 그 앞에 놀라운 일이 일어났다. 코끼리들이 발길을 돌려 사라진 것이다. 코끼리는 깡통 소리를 제일 싫어하는데 하나님께서 위기에서 깡통 소리로 그들 일행을 구하신 것이다.

그 후 안식년을 맞아 본국으로 돌아가 설교하고 내려오는 길에 한 교우가 이런 이야기를 했다.

"어느 날 유리창을 닦고 있는데 갑자기 선교사를 위해 기도하라는 강력한 주님의 음성이 들렸다. 처음엔 망설였지만 유리창 밑에 무릎을 꿇고 그들을 위험과 파괴로부터 구해 주시길 기도했다. 그 사건을 일기에 적어 두었는데 놀랍게도 바로 그날 코끼리가 몰려온 시간이었다."

하워드(Howard) 장군은 신앙이 독실한 크리스천이었다. 그가 서부 해안 지대로 파견 나가 있을 때 그의 친구들은 수요일 저녁에 그의 영예를 축하하는 환영 만찬회를 열기로 했다. 그들은 여러 곳에 초대장을 보냈고 미국 대통령까지 축하 전문을 보내왔다. 그들은 장군을 깜짝 놀라게 해 주려고 모든 준비를 다 끝내 놓고 맨 마지막에 그에게 알리기로 했다. 마침내 완전한 준비를 끝내고 난 후 그들은 장군에게 이 소식을 알렸다. 그러나 그 초청은 거절당했다.

"미안하네. 사실은 수요일 밤에 다른 약속을 이미 해두었네."

"하지만 이 사람아, 이날은 미국에서 가장 저명한 인사들이 참석할 테니 이전에 했던 약속을 취소하게."

장군은 조용하게 그 이유를 설명했다.

"나는 크리스천이며 교회 신도 중 한 사람이네. 내가 교회에 나가게 되었을 때 수요일 밤 기도회 시간에 꼭 주님을 만나 뵙겠다고 주님과 약속했다네. 세상에 이만큼 중요한 약속을 깨뜨릴 자는 없다네."

친구들은 이 만찬회를 하루 연기하여 목요일 밤에 개최했다.

그리스도로 인해 나타난 장군의 인상은 이 세상에서 가장 위대한 신앙인으로 길이길이 남겨질 것이다. 장군은 기도의 비밀을 알았으며 마침내 하나님을 위하여 흔드는 능력을 받았다.

기도의 사람 조지 뮬러는 수천 명의 고아를 키우는 사람이었는데, 한번은 어느 사람이 찾아와 그 고아원을 도와주고 싶다고 말하면서 이런저런 이야기를 하던 중에 평소 궁금해하던 것을 물었다.

"도대체 어디서 돈이 나서 수천 명의 고아를 먹여 살립니까?"라고 묻자, 조지 뮬러는 그 사람을 컴컴한 기도실로 안내하고 그 안에 있던 우단 방석을 가리켰다. 그런데 그 방석은 너무 기도를 열심히 해서 무릎 자리에 구멍이 뚫려 있었다. 그는 "저 방석의 뚫린 구멍이 바로 돈 나오는 구멍입니다"라고 말했다.

이렇게 그는 목표 있는 기도를 한 유명한 사람으로 일생 동안 무려 5만 가지의 구체적인 기도의 응답을 받았다.

기독교 역사를 보면, 최초의 수도사였던 성 안토니는 사막에서 잠을 자지 않고 금식하며 기도하고 자기를 극기하고 절제하며 금욕하는 것으로 성자의 칭호를 받았다. 또 그는 그것이 하나님의 뜻을 받드는 것으로 생각했다.

그런데 하루는 기도하는 중에 하나님의 음성이 들렸다.

"안토니야, 너는 저 알렉산드리아에 사는 구두장이보다도 완전치 못하노라."

이 소리를 듣자 즉시 안토니는 구두장이를 찾아가서 물었다.

"당신은 어떻게 시간을 쓰고 있습니까?"

"나는 선한 일을 한 가지도 한 적이 없습니다. 아침에 일어나서 내가 살고 있는 알렉산드리아 동네를 위하여 기도합니다. 그리고 노동을 시작하고 하루 종일 일해 밥벌이를 합니다. 그리고 나는 거짓 생활을 피하며 약속을 하면 그것을 실행합니다. 그리고 난 내 처자와 같이 있을 시간이 얼마 없습니다."

이것이 그의 단순한 생활의 전부라고 했다.

구두장이는 하나님 앞에서 안토니의 생활보다 주님을 더 기쁘시게 한 것이다. 우리의 생활도 그러해야 할 것이다. 이 나라와 교회를 위해 기도하는 평범한 생활이 주님을 더 기쁘시게 하는 것이다.

콘스탄트는 임종 시에 그의 상을 만든다면 법률가의 상도 말고 철학자의 상도 말고 오직 하나님께 무릎을 꿇고 기도하는 상을 만들어 달라고 부탁했다. 위대한 분들의 생애는 하나님께 무릎을 꿇는 일로 승리했다고 한다.

미국 남북전쟁 때 북군을 지휘한 사람은 유명한 에이브러햄 링컨이었다. 링컨은 믿음이 독실한 사람으로 전쟁 중에도 하나님께 기도드리기를 잊지 않았다. 그는 매일 시간을 내서 고요히 하나님 앞에 무릎을 꿇었다. 링컨이 기도할 때는 그의 막사 문에 흰 손수건이 걸려 있었다.

그래서 그의 참모들은 아무리 긴급한 일이 있어도 손수건이 걸려 있으면 절대로 면회할 수 없었으며 기도가 끝난 후에야 만날 수 있었다고 한다. 그는 바쁜 중에도 기도를 했다.

미국의 저명한 외과 의사인 민게이 박사는 말하기를 "수술은 사람이 하지만 병은 하나님께서 고치신다. 물론 약도 사람이 주고 먹지만 병은 하나님께서 고쳐 주신다"라고 하였다. 그는 항상 수술 전에 하나님께 간절히 기도를 드렸다.

그는 캐나다의 어떤 가난한 농가에서 자라면서 고학을 하여 의학을 공부하고 의사가 되었다. 어렸을 때는 주일학교에 다녔으나 대학에 다니는 동안 교회에 가는 것을 그만두었었다. 의사가 되어서는 교회를 아주 잊어버리고 하나님 앞에 기도하지 않았다.

그런데 어느 날, 자기 동생에게서 장거리 전화가 걸려 왔다.

"형님, 빨리 오세요. 어머니가 밭에서 일하시다가 황소에게 받쳐서 중상을 입었습니다. 인사불성인데 여기 가까운 데 있는 의사를 청해서 보았지만 더 이상 대책을 못 세우고 절망적입니다. 그러니 빨리 형님이 오십시오."

이 소식을 들은 민게이 박사는 급히 비행기를 타고 간호사와 조수를 데리고 떠났지만 집까지 가는 데는 시간이 많이 걸렸다. 가보니 어머니가 중상을 입고 갈비뼈가 여러 개 상한 채 실신 상태로 누워 있었다.

얼른 수술을 하려고 하는데 이상하게 자꾸 손이 떨렸다.

"아마 긴장되어서 그렇겠지. 의학을 공부하여 이런 위기에 직접 어머니를 치료하게 되어 다행이다"라고 생각했지만 이상하게도 손이 말을 안 듣고 진정이 안 되는 것이었다.

그때 문득 어렸을 때 기도하던 생각이 났다. 수술을 못 하고 의자에

앉아서 하나님께 간절히 기도를 드렸다. 얼마쯤 기도한 다음에야 진정이 되었고 손이 떨리는 것도 멎었다. 그래서 조심스럽게 수술을 마치고 나니 마음에 기쁨이 있었고 어머니의 건강도 다시 회복되었다.

그다음부터는 자기의 어릴 때 신앙을 다시 찾아 무슨 수술을 하든지 먼저 하나님께 간절히 기도하고서야 집도하게 되었다는 것이다.

미국의 어떤 학생이 고등학교를 졸업하고 대학에 입학하게 되었다. 이 학생은 아버지에게 "아버지 제가 고등학교도 졸업하고 대학엘 가게 되었는데 졸업과 입학을 기념해서 자동차 하나 사주세요"라고 부탁드렸고 아버지는 쾌히 승낙했다. 개학 때가 되자 아들은 집을 떠나게 되었다. 그는 아버지가 학교 기숙사에 갈 때 새 자동차를 사줄 것으로 믿었는데 자동차는 안 사주고 떠나는 아들에게 성경책을 하나 사주면서 "학교 기숙사에서 짬짬이 읽어라. 그리고 빌립보서 4장 19절 말씀을 꼭 읽어라"라고 말했다.

아들은 아버지에 대하여 실망했고 섭섭한 생각이 들었다. 그래서 학교 기숙사에 있으면서 아버지가 사주신 성경책은 보기도 싫어서 구석에 처박아 두고 말았다.

방학 때가 되어 집에 오면 아들은 늘 아버지를 졸랐다.

"아버지 자동차 언제 사주실 거예요?"

그때마다 아버지는 "내가 사준 성경에서 빌립보서 4장 19절 읽어 보았니?"라고 물었고 아들은 "아버지, 성경 읽으면 자동차가 나와요?"라며 아버지를 못마땅하게 생각하였다.

그런데 4년이 지나 대학을 졸업하게 되었다. 졸업식에 아버지, 어머니께서 축하하러 오셨지만 사실 아들은 아버지가 오셨어도 그렇게 반갑지도 않았다. 졸업식이 끝나고 짐을 꾸려 집으로 가기 위해서 함께 기숙사로 들어가며 아들은 아버지에게 한마디 했다.

"아버지, 너무 하세요. 제가 자동차 하나 사달라고 얼마나 간청했어요. 그런데 아버지는 빌립보서 4장 19절만 보라고 하실 뿐 사주지 않아서 4년 동안을 그냥 지냈어요. 아버지, 정말 너무하세요."

"너, 내가 사준 성경책 어디 있니?"

"잘 모르겠어요. 화가 나서 저 구석에 처박아 두었어요."

"그래. 그것 찾아오너라."

아들은 한참이나 찾은 후에 4년 전에 버려두었던 성경책을 가지고 왔다.

"빌립보서 4장 19절을 펴서 읽어 보아라."

아들은 아버지가 하라는 대로 성경을 폈다.

그런데 빌립보서 4장 19절의 페이지에 종이 한 장이 있었다.

그것은 4년 전 날짜가 적힌 자동차 한 대 값에 해당하는 수표였다. 아버지는 아들이 구할 때 이미 주었다. 그러나 아들이 아버지의 말씀에 순종하지 않아서 4년 동안 자동차 없이 마음속에 불평과 불만이 가득한 채 살았던 것이다.

구원 받기 위해 믿고 알아야 할 것

1. 하나님께서 인간을 사랑하여 행복하게 살 수 있도록 창조하셨습니다.

● 창세기 1장 28절

"하나님이 그들에게 복을 주시며 그들에게 이르시되 생육하고 번성하여 땅에 충만하라, 땅을 정복하라, 바다의 고기와 공중의 새와 땅에 움직이는 모든 생물을 다스리라 하시니라"

● 예레미야 29장 11절

"나 여호와(하나님)가 말하노라 너희를 향한 나의 생각은 내가 아나니 재앙이 아니라 곧 평안이요 너희 장래에 소망을 주려 하는 생각이라"

2. 그러나 인간은 죄를 지어 하나님으로부터 분리됐습니다.

● 로마서 3장 23절

"모든 사람이 죄를 범하였으매 하나님의 영광에 이르지 못하더니"

● 이사야 59장 2절

"오직 너희 죄악이 너희와 너희 하나님 사이를 내었고 너희 죄가 그 얼굴을 가리워서 너희를 듣지 않으시게 함이니"

3. 인간이 지은 죄 때문에 인간에게 죽음과 고통과 불행과 심판이 오게 됐습니다.

● 로마서 6장 23절

"죄의 삯은 사망이요 하나님의 은사는 그리스도 예수 우리 주 안에 있는 영생이니라"

● 히브리서 9장 27절

"한번 죽는 것은 사람에게 정하신 것이요 그 후에는 심판이 있으리니"

4. 인간들은 종교나 교육이나 선행이나 어떤 방법으로도 하나님과의 관계를 회복 할 수 없습니다.

● 사도행전 4장 12절

"다른 이로서는 구원을 얻을 수 없나니 천하 인간에 구원을 얻을만한 다른 이름을 우리에게 주신 일이 없음이니라 하였더라"

● 요한복음 14장 6절

"예수께서 가라사대 내가 곧 길이요 진리요 생명이니 나로 말미암지 않고는 아버지께로 올 자가 없느니라"

5. 예수님께서 우리 죄를 대신해 죽으셨습니다. 그러므로 누구든지 예수 그리스도를 믿기만 하면 우리의 모든 죄가 용서되고, 구원을 선물로 받고, 하나님의 자녀가 됩니다.

● 요한복음 3장 16절

"하나님이 세상을 이처럼 사랑하사 독생자를 주셨으니 이는 저를 믿는 자마다 멸망치 않고 영생을 얻게 하려 하심이니라"

● 로마서 5장 8절

"우리가 아직 죄인 되었을 때에 그리스도께서 우리를 위하여 죽으심으로 하나님께서 우리에게 대한 자기의 사랑을 확증하셨느니라"

6. 구원받아 하나님의 자녀가 되면 하나님께서 우리에게 영원한 생명과 풍성한 생활을 주십니다.

● 요한복음 10장 10절

"도적이 오는 것은 도적질하고 죽이고 멸망시키려는 것뿐이요 내(예수님)가 온 것은 양으로 생명을 얻게 하고 더 풍성히 얻게 하려는 것이라"

● 요한복음 10장 28절

"내가 저희에게 영생을 주노니 영원히 멸망치 아니할 터이요 또 저희를 내 손에서 빼앗을 자가 없느니라"

7. 하나님의 자녀가 되려면
   예수 그리스도를 믿겠다고 선택해야 합니다.

● 요한복음 3장 18절

"저를 믿는 자는 심판을 받지 아니하는 것이요 믿지 아니하는 자는 하나님의 독생자의 이름을 믿지 아니하므로 벌써 심판을 받은 것이니라"

● 로마서 10장 9절

"네가 만일 네 입으로 예수를 주로 시인하며 또 하나님께서 그를 죽은 자 가운데서 살리신 것을 네 마음에 믿으면 구원을 얻으리니"

믿음으로 결정할 때 영생(영원한 생명)이 주어집니다.

당신이 예수님을 구세주와 주님으로 마음에 믿고, 말로 믿는다고 고백하면 하나님의 구원, 즉 영원한 생명의 큰 복을 받습니다.
당신의 마음 중심에 주 예수 그리스도가 구세주와 주님으로 믿어지게 해 달라고 기도해 보십시오! 놀랍게도 믿어집니다.
이것은 하나님의 은혜이고 하나님의 선물입니다.
하나님께서 당신에게 예수 그리스도를 믿고 싶은 마음을 허락해 주시길 기도하며 축복합니다.

이제 아래에 기록된 기도문을 믿는 마음으로, 당신의 마음과 입술(말)로 고백하기 바랍니다.
그 순간 영생(영원한 생명)의 선물을 받게 됩니다.
하나님은 당신을 지금 이 순간에도 사랑하십니다.

> "하나님, 제가 지은 모든 죄와, 앞으로 지을 모든 죄까지, 영원히 용서해 주시기 위해, 그리고 저에게 하나님의 자녀가 되어 영원한 생명과 풍성한 생활을 주시기 위해, 십자가에서 저의 죄를 대신해 돌아가신 예수님의 공로를 믿습니다.
> 그리고 지금 마음으로 예수님이 나의 구세주와 주님이심을 믿고 영접합니다. 기쁘게 저를 받아주신 주 예수 그리스도의 이름으로 감사하며 기도합니다. 아멘!!"

"영접하는 자 곧 그 이름(예수님)을 믿는 자들에게는
하나님의 자녀가 되는 권세를 주셨으니" – 요한복음 1장 12절

망망한 바다 한가운데서 배 한 척이 침몰하게 되었습니다.
모두들 구명보트에 옮겨 탔지만 한 사람이 보이지 않았습니다.
절박한 표정으로 안절부절 못하던 성난 무리 앞에 급히 달려 나온 그 선원이
꼭 쥐고 있던 손바닥을 펴 보이며 말했습니다.
"모두들 나침반을 잊고 나왔기에… "
분명, 나침반이 없었다면 그들은 끝없이 바다 위를 표류할 수 밖에 없을 것입니다.

우리는 삶의 바다를 항해하는 모든 이들을 위하여
그 나침반의 역할을 하고 싶습니다.
우리를 구원하신 위대한 주 예수 그리스도를 널리 전하고 싶습니다.

"하나님은 모든 사람이 구원을 받으며
진리를 아는 데에 이르기를 원하시느니라"
(디모데전서 2장 4절)

힘을 다하여 **주님께 기도하라**
김장환 목사와 함께 / 주제별 설교 • 성경공부 • 예화 자료

발행처 | 나침반출판사
발행인 | 김용호

개정판 | 2021년 7월 15일

등 　록 | 1980년 3월 18일 / 제 2-32호
본 　사 | 07547 서울특별시 강서구 양천로 583
　　　　　블루나인 비즈니스센터 B동 1607호
전 　화 | 본사 (02) 2279-6321 / 영업부 (031) 932-3205
팩 　스 | 본사 (02) 2275-6003 / 영업부 (031) 932-3207
홈 　피 | www.nabook.net
이 　멜 | nabook365@hanmail.net

ISBN 978-89-318-1612-9
책번호 마-1202

※이 책은 김장환 목사님의 설교 자료와
여러 자료를 정리 편집해 만들었습니다.

값은 뒤표지에 있습니다.